*Nanami Shiono*

# 絵で見る
# 十字軍物語

塩野七生

絵/ギュスターヴ・ドレ

新潮社

# 読者へ、塩野七生から

普通ならば、十字軍の歴史を物語る四部作の予定がまずあって、その第一巻としてドレの絵を通して物語る『絵で見る十字軍物語』が考え出されたと思うところだが、実際はまったくちがう。十字軍を書くなど考えもしなかった三十年も昔に、つまり私の関心が、中世的なる十字軍よりもルネサンス的なヴェネツィア共和国に集中していた時期にすでに、ドレの絵と私は出会っていたのである。

十九世紀前半の歴史作家フランソワ・ミショーの文章に、その世紀の後半になってギュスターヴ・ドレが挿し絵を描いた『十字軍の歴史』を私が見つけたのは、当時は足しげく訪れていたヴェネツィアの古本屋だった。一九四一年にミラノで刊行された伊訳の大型本だったが、ほとんど数ページごとに挿し絵が挿入されていて、十字軍には関心のなかった当時の私でも、合計すれば百枚にもなるその絵の美しさには心魅《ひ》かれたからである。

その後の三十年間、この大部の一冊を私が忘れていたのではない。ルネサンスを書き終えて古代のローマに移り、それも書き終えた後になって初めて、私の関心も中世に移ってきたからにすぎない。そして、『ローマ亡き後の地中海世界』の二巻で、中世一千年間の南ヨーロッパのキリスト教世界と北アフリカのイスラム世界の対決を書き終えた今になって、北ヨーロッパのキリスト教世界と中近東のイスラム世界の対決と言ってよい十字軍に、順番がまわってきたというわけだった。

それで今の私にとっての新しい挑戦相手は十字軍になったのだが、まず頭にひらめいたのが、ドレの絵を通して物語る一冊で始めたい、という想いであった。

とは言ってもドレの絵は、ミショーが書いた『十字軍の歴史』の挿し絵として描かれたのである。日本語では木口《こぐち》木版と呼ぶ技法だそうで、原画はペンで描かれ、濃淡は薄いインクでつけられており、その陰影を彫版師が精巧なハッチングによって再現し、それを印刷して出来上がるというやり方だ。ゆえにギュスターヴ・ドレの「絵」とは、この種の絵なのである。だが彼は、この技法を駆使することによって、『聖書』や『神曲』や『ドン・キホーテ』の挿し絵画家として成功し、言ってみれば十九世紀のビジュアル・アーティストになったのだった。

しかし、挿し絵とは、あくまでも本文につけられた絵である。その本文なしで、絵だけで一冊作るにはどうするか。それが、私が直面した問題だった。考えあぐねた末にたどり着いたのが、次の構成である。

まず、左右二ページで成る見開きページの左側の全面を使って、ドレの絵を紹介する。それで反対側になる右側のページだが、ここは上下に分け、上段には地図を載せ、左ページの絵に描かれたエピソードが展開した土地を、丸く囲むことで指し示す。そして、残った右ページの下段では、ごく簡単な解説を記すことにしたのである。歴史と地理は表裏一体であるというのが私の信念だが、今度こそそれをひと目で見られるスペース内で具体化する。裏には、この想いもあったのである。

ともかくこれで十字軍の歴史のビジュアル化は成ったことになるが、ビジュアル化とは簡略化のことでもある。この『絵で見る十字軍物語』の一冊で十字軍の全史は視野に収められるとしても、それだけではほんとうにわかったとは言えない。世界の二大宗教が激突したのが十字軍である。それにこれは、高校の教科書ではない。この十字軍がもたらした善悪両面での後世への影響を理解するには、十字軍がどのように始まり、どう進行し、またどのようにして終わったかを詳細に追う必要が絶対にある。

それで、『絵で見る十字軍物語』とその後に続く第二、第三、第四巻の位置関係を、イタリア・オペラをまねて、序曲、第一幕、第二幕、第三幕と考えることにしたのである。

つまり、幕が降りている前で演奏される序曲が終わると幕がするすると上がり、第一幕が始まるという具合だ。

また、ドレの挿し絵ばかり重視してミショーの文章を軽んじたように見えたとしたら、それも完全にちがう。学問的ではないという理由で今では研究者たちから一顧もされないらしいが、二百年昔のキリスト教徒の筆になった十字軍史と考えるならば、驚くほどバランスのとれた叙述で一貫している。啓蒙主義にフランス革命という、思想的にも社会上でも激動の時代に生きた人であるためか、宗教や民族に対する既成概念に捕われる度合が少ない。要するに、相当な程度には客観的な叙述、と言ってよい。これよりは二百年の後の現代に多い、イスラム教徒を刺激しないことばかりを配慮して書かれた十字軍の歴史書に比べれば、ミショーの執筆態度のほうがよほど正直である。

このミショーの作品を基《もと》にして、ドレは挿し絵を描いたのだ。もしもミショーの立つ位置が十字軍べったりであったら、ドレも、十字軍にとっての最大の敵であったサラディンを、ああも美しく描けなかったであろうし、十字軍側きってのヒーローであったリチャード獅子心王を、鋼鉄製のかぶとに隠れた顔でしか表現しない、ということもなかったにちがいない。

そして、これは私の想像だが、ドレの絵を用いて物語るこの『絵で見る十字軍物語』をイスラム教徒が見たとしても、その人がよほどの狂信の徒でないかぎりは、不快感をいだかないであろうと思っている。

では、まずは「序曲」をお愉しみあれ！

# 絵で見る十字軍物語

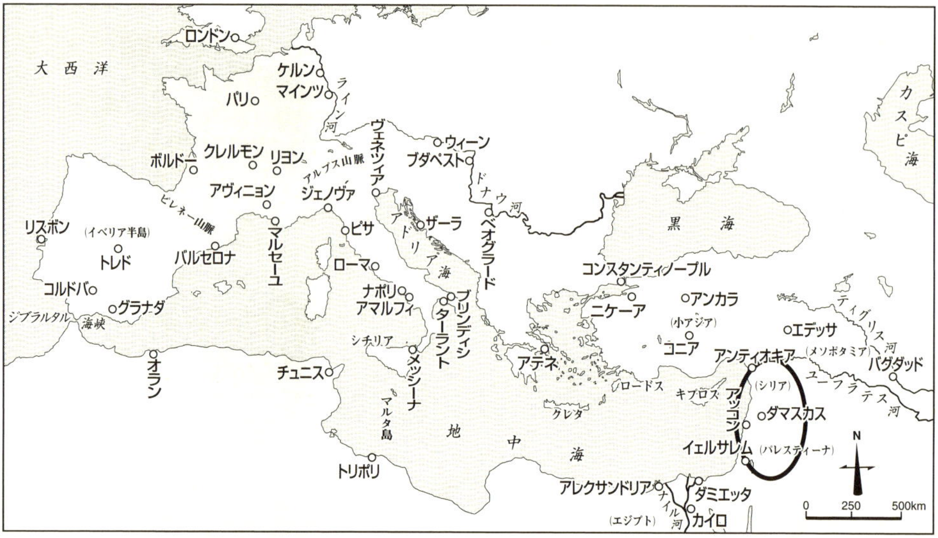


## 聖地巡礼途上で難事に遭遇したキリスト教徒に、助けの手を差しのべるイスラム教徒

イスラム教徒にとっての聖典であるコーランでは、生涯に少なくとも一度のメッカへの巡礼を、信徒にとっての重要な義務としている。ゆえに、もともとからしてイスラム教徒は、キリスト教徒のイェルサレム巡礼に理解ある態度で接していたのだった。

しかし、キリスト教もイスラム教も、自分たちの信ずる神以外の神は認めないとする一線は、絶対に譲らない一神教同士である。ひとたびこの一線が強調されすぎると……。

十字軍とは、一神教徒同士でなければ起りえなかった、宗教を旗印にかかげた戦争なのであった。

G. Doré
PANNEMAKER & DOMS sc.

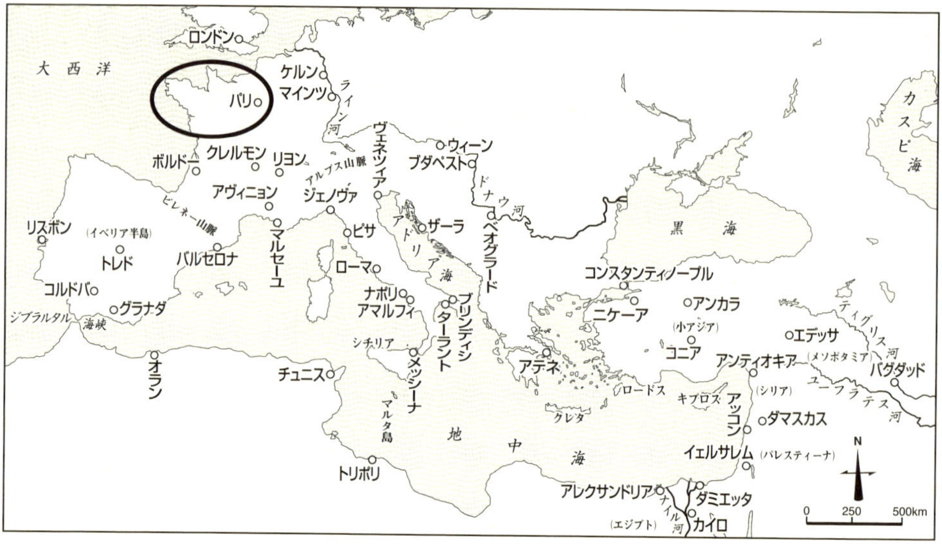


## 夜ごとの怨霊に悩まされるフルク

アンジュー伯フルクは、11世紀半ばのフランスで、その極悪非道で知られた実在の人物である。妻たちを次々と殺しただけでなく、領民に対しての苛酷な仕打ちには怨みの声があがっていたのだった。

だが、これほどの悪人も、怨霊たちに悩まされる夜の連続にはさすがに音をあげる。それで、フランスの北西部から中近東のパレスティーナまでという遠路もいとわずに、聖地巡礼の旅に出た。

イェルサレムに着くや他の巡礼同様に粗末な巡礼衣を着けて聖地に参拝し、貧しい巡礼者にはほどこしを与えるなどして善行を重ねて帰国する。

ところがその後まもなく、二度目の聖地巡礼に出向く。そのときは、キリスト教徒にとっては信仰の対象でもイスラム教徒にとってはゴミにすぎない聖遺物を多量に買い求め、帰国途上で立ち寄ったローマで、それらを法王に寄贈した。ローマ法王もこの善行に対し、これまで犯した悪事のすべてを免罪にすることで報いる。それに感動したフルクは、三度目の聖地巡礼に出たほどである。

このアンジュー伯フルクのエピソードは、罪深き悪人も聖地巡礼さえすれば救われる例として、当時の西欧に広く伝わったのだ。第一次十字軍は、このエピソードから半世紀の後に行われるのである。

G. Doré
H. PISAN

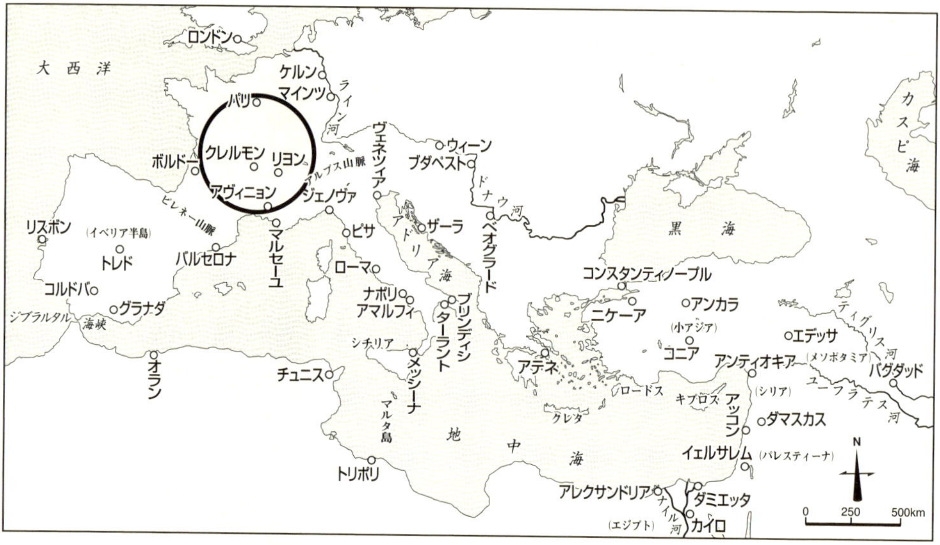


## 隠者ピエール、フランス中に聖戦を説いてまわる

隠者と訳した「エレミータ」とは、修道院の中で共同生活をしながら信仰を深める修道僧（フラーテ）とはちがって、同じく目的は神に近づくことであっても、砂漠の中にある洞穴や人里離れた山奥での一人暮らしを選んだ人々を指す。それゆえに、人間社会ならば生じがちな不祥事にも、過剰な反応を起す傾向があった。

イェルサレムに九ヵ月滞在していたというピエールは、キリスト教徒の巡礼者に対してイスラム側がときに行使する横暴もしばしば眼にしたのだろう。一神教特有の集団ヒステリーだからしばらくすれば落ちつくのだが、隠者だけに一本気なピエールは憤慨したのである。そしてこの怒りを、ヨーロッパにもどってぶちまけた。聖地でのキリスト教徒に対する迫害をやめさせるには、聖地そのものを征服するしかない、と言って。

キリスト教の影響力を高めるのに熱心だったローマ教会は、この彼を百パーセント活用した。「神がそれを望んでおられる」を旗印にかかげた、十字軍の始まりである。

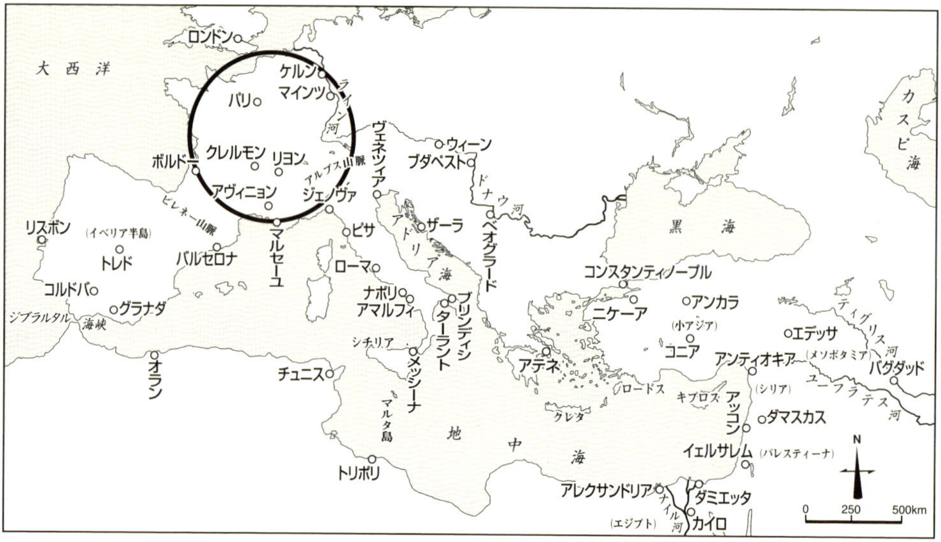


## 「神がそれを望んでおられる」(Deus lo vult)

この一句の威力はスゴかった。中世ヨーロッパのキリスト教徒は信心深く、日々のつまらない罪がつみ重なって死後は地獄行きかと、怖れおののく毎日を送っていたのである。

それが、隠者ピエールに従っての聖地奪還を目指した十字軍に参加するだけですべては免罪にすると、ローマ法王も約束してくれている。つまり、天国の席は予約確実というわけで、家族は残し畑を捨て、遠いオリエントに向けて発つ人々が激増したのである。

この十字軍遠征への気運はまたたくまにフランス中に広まり、ライン河を越えてドイツに、そしてドーヴァー海峡を越えてイギリスにまで波及していく。この熱狂の波の外にあったのは、イベリア半島内でイスラム教徒と戦争中だったスペイン人と、以前からイスラム世界と交易していた、イタリアの海洋都市国家だけであった。

G. Doré

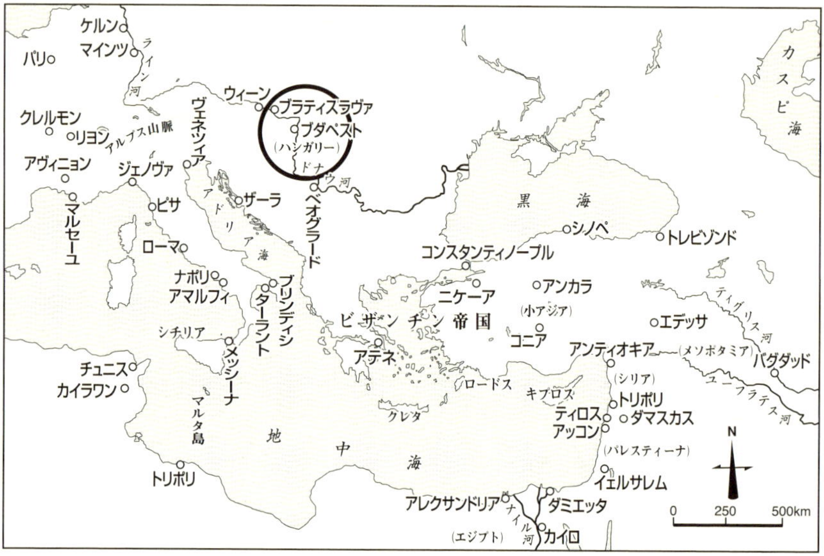


## 怒ったハンガリー人、<br>十字軍の前に剣をもって立ちはだかる

隠者ピエールに扇動されて東に向った十字軍には、あらゆる種類の人々が参加していた。農民、主人を持たない騎士、そして女と子供。その総数は十万を越えていたと言われている。

ただしこの人々は、軍備もなく食糧の準備さえも充分でない、言ってみれば烏《う》合《ごう》の衆にすぎなかった。しかも、十字軍参加者とはキリストの戦士だと思いこんでいる。そのような善行をしている者に対して同じキリスト教徒が助けの手を差しのべるのは、当然と思っている人々でもあった。

しかし、衣服は破れ腹を空かし規律もない十万人に押し寄せられ、道筋とはいえその途中の地に住む人々は、迷惑を通り越して危険さえも感じたのだ。それが、キリスト教徒ということならば同じのハンガリー人が、十字軍参加者たちを力で排除しようとした理由だった。

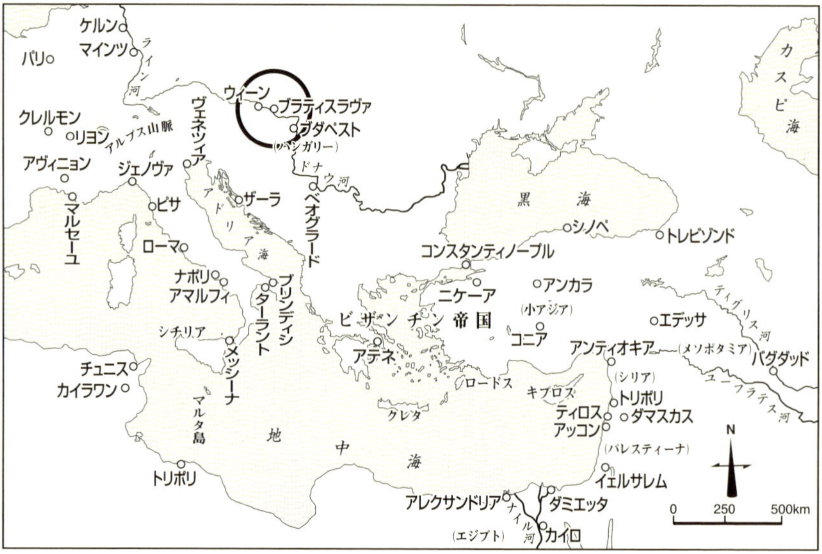


## ブラティスラヴァの町を攻める十字軍

隠者ピエール率いる民衆十字軍は、援助してくれると思っていたのがその期待を裏切られて怒りを爆発させる。

だがこれで、十字軍と名乗っていながら、イスラム教徒と闘う前に同じキリスト教徒と闘う羽目になってしまったのだ。

遠征に出るからには絶対に欠かせない「兵站《ロジスティクス》」への配慮は、十字軍の全史を通して驚くほどに欠如している。それで現地調達するしかなく、かと言ってカネを払って購入する考えもないのだから、力で奪うのが主流になっていくのも当然なのである。

こうして、十字軍を最初に嫌悪するようになったのは、遠征途上に当った中欧と東欧のキリスト教徒たちになってしまった。

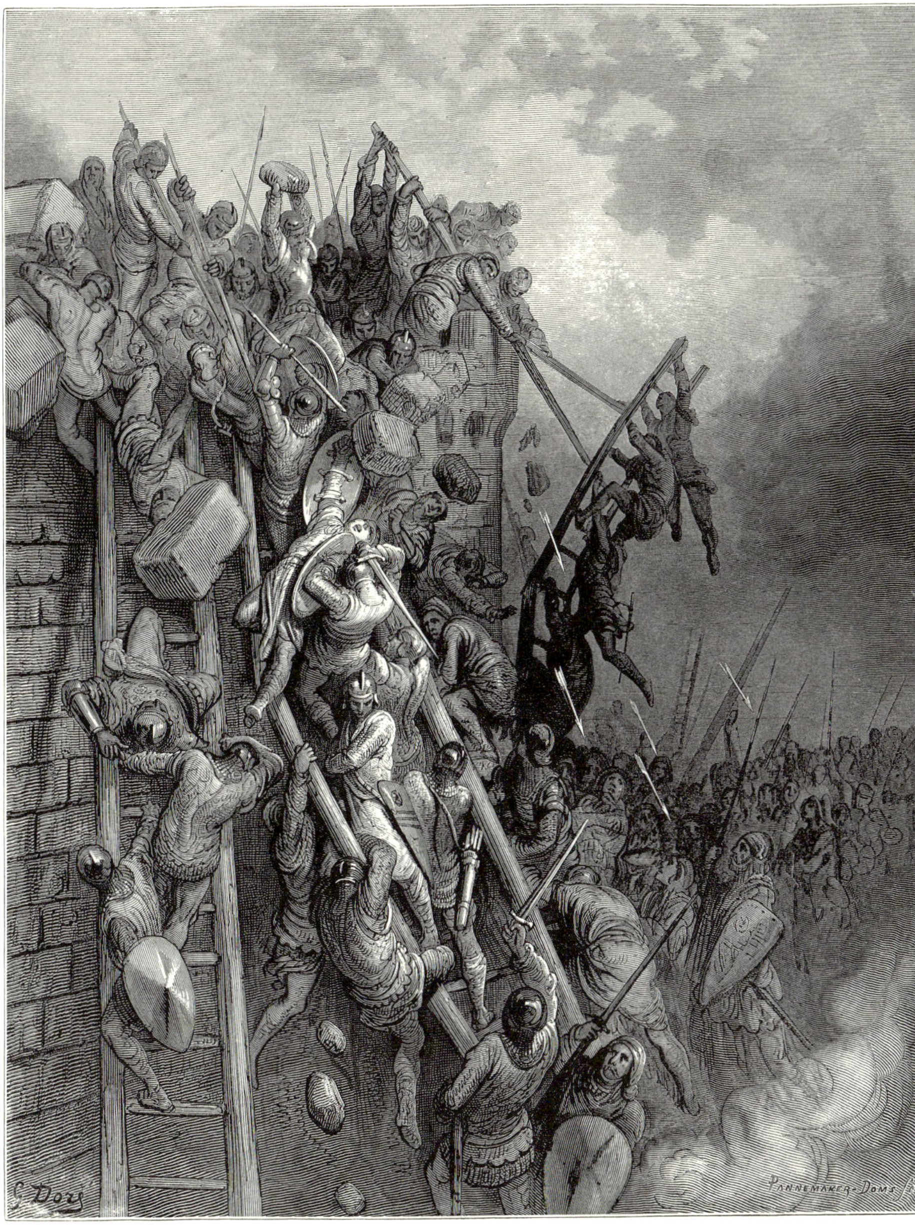
G. Doré
PANNEMAKER-DOMS

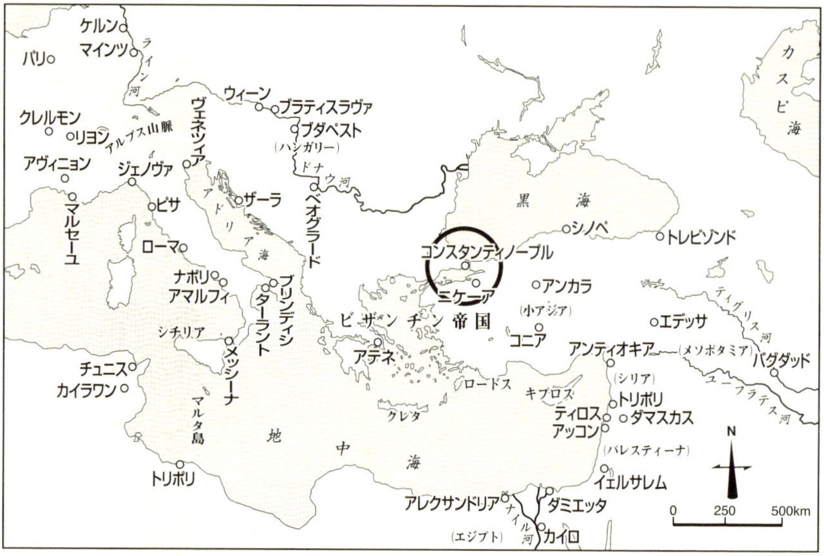


## オリエントの豪奢に眼を見張る、十字軍戦士たち

隠者ピエール率いる民衆十字軍に遅れること数ヵ月、封建諸侯の率いる騎士たちの十字軍がヨーロッパを発つ。フランスでは王に次ぐ地位にある諸侯が率いる軍事のプロの集団である以上、軍備も充分で規律もあった。

彼らとて必要な兵糧の調達は力ずくではあったのだが、それでも中欧・東欧と進む陸路でもさしたる衝突は起していない。ビザンチン帝国の皇帝も、ピエールとその十字軍には首都に入ることも許さなかったが、諸侯から成る十字軍には許可したのである。

とは言っても、兵士たちには市外の野営しか認めなかったので、ビザンチン帝国の首都コンスタンティノープルの市内に入れたのは、諸侯と高位の騎士だけだった。

その彼らが、オリエントの豪奢に驚嘆したのだ。11世紀末の当時、このオリエントに比べればヨーロッパは完全に田舎だった。

BELLENGER

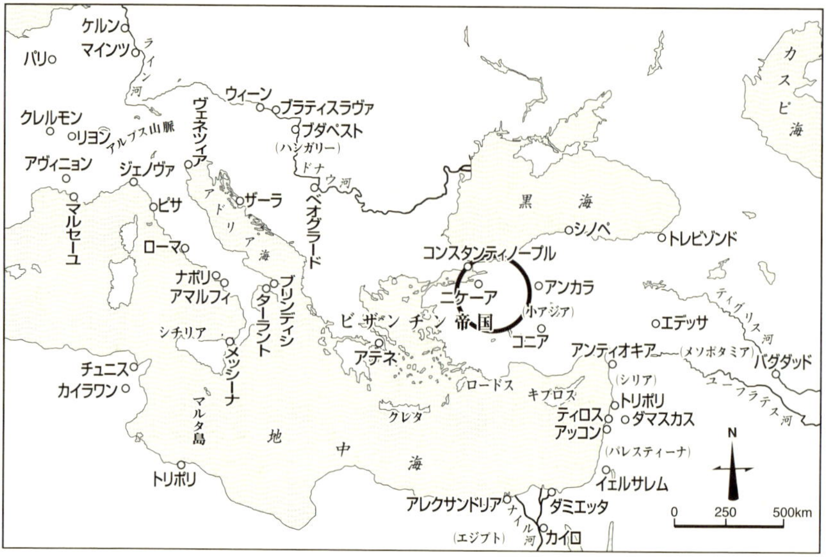


## ゴドフロア、ピエール率いる十字軍に追いつく

封建諸侯の率いる十字軍の中でも、ごく自然に大将格と目されるようになるのは、フランス北東部に広大な領地をもつロレーヌ公ゴドフロア・ド・ブイヨンである。年齢も、三十代後半という男にとっての最盛期、敵に向えば、勇敢であると同時に慎重、兵士たちの人望も厚く、十字軍を率いる者にふさわしく、信仰心も強かった。

小アジア入りは果したもののただただ聖地を目指すだけだったピエール率いる庶民の十字軍も、このときをもって諸侯たち、つまりプロたちの十字軍に吸収された。

ゆえにこれ以降、第一次十字軍と言えば、ヨーロッパ出身の諸侯と騎士たちの十字軍のことになる。

Jonnard
G. Doré

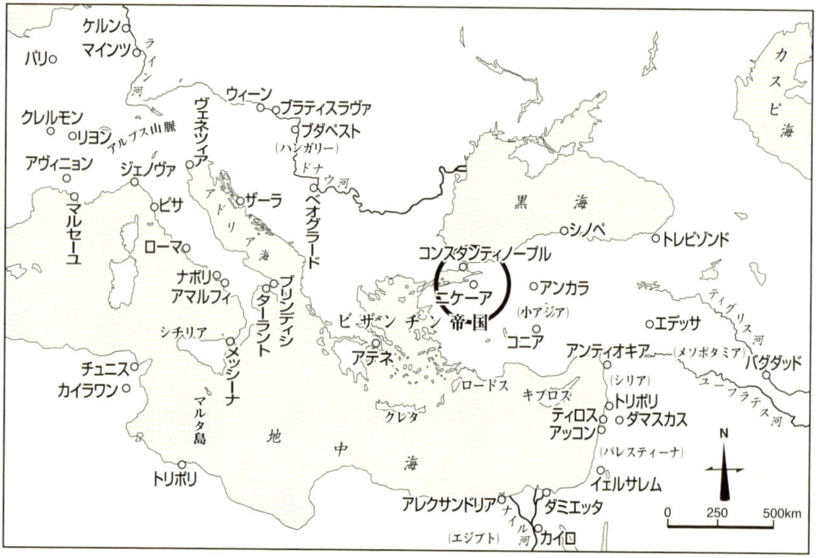


## ニケーア攻防戦

小アジアに入ればそこからは、もはやイスラムの世界と言ってよい。とはいえバグダッドが中心のイスラム世界にすれば、ビザンチン帝国から奪ったばかりの小アジアは辺境の地になる。それで、この小アジアの防衛は、イスラム社会では新興の民であったトルコ人が請負っていた。

だが、新興の民だけにセルジューク・トルコの兵士は、勇猛で知られている。十字軍も、小アジアに足を踏み入れたとたんに猛烈な迎撃を受けることになった。

その小アジアの北西に位置するニケーアは、キリスト教を公認した最初のローマ皇帝であるコンスタンティヌスが各地から司教を招いて第一回の公会議を開いた都市で、それだけに守りも固い。だが、十字軍としては、無視して通り過ぎるわけにはいかなかった。背後に敵をもつことになるからだ。とは言ってもニケーアは、守るトルコ兵の力も加わって、容易に落ちる都市ではなかったのである。

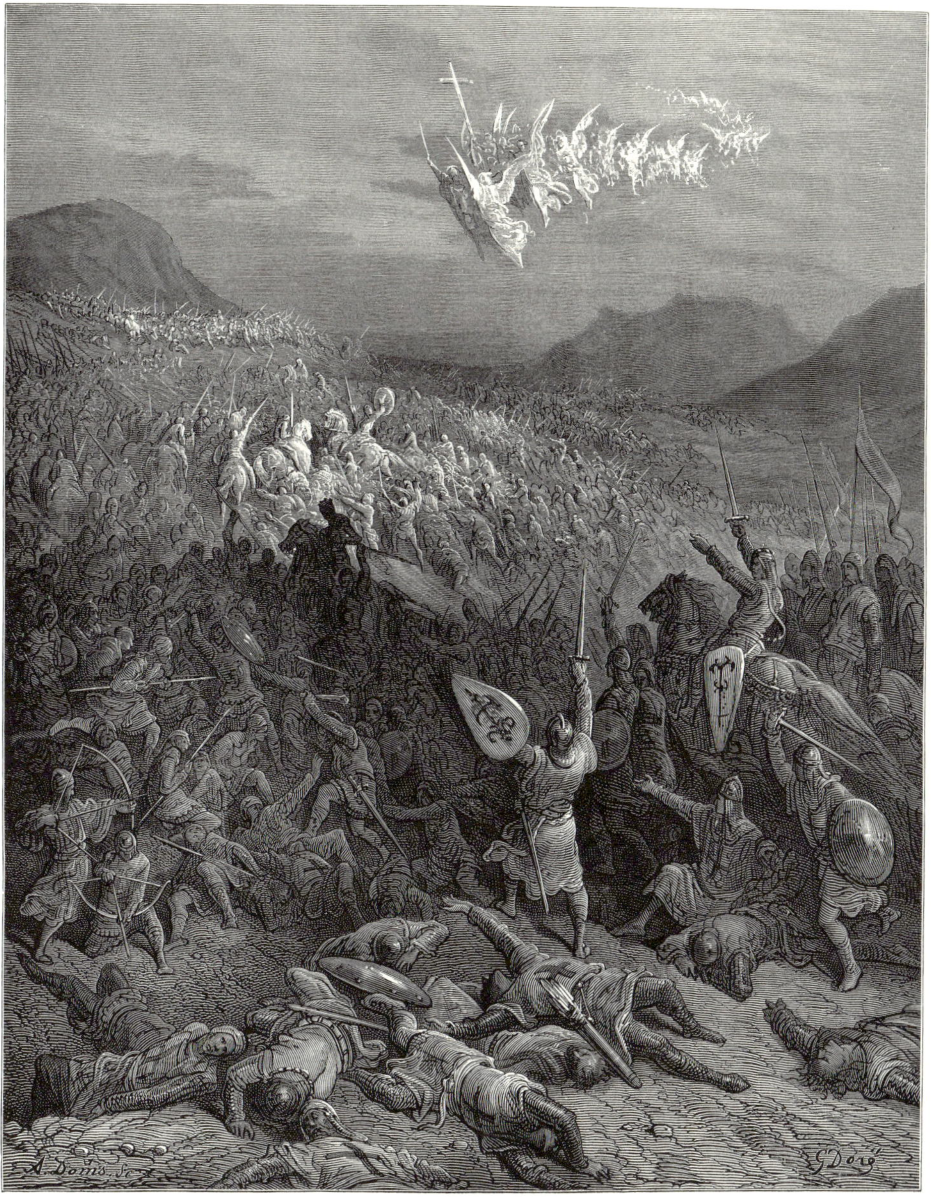

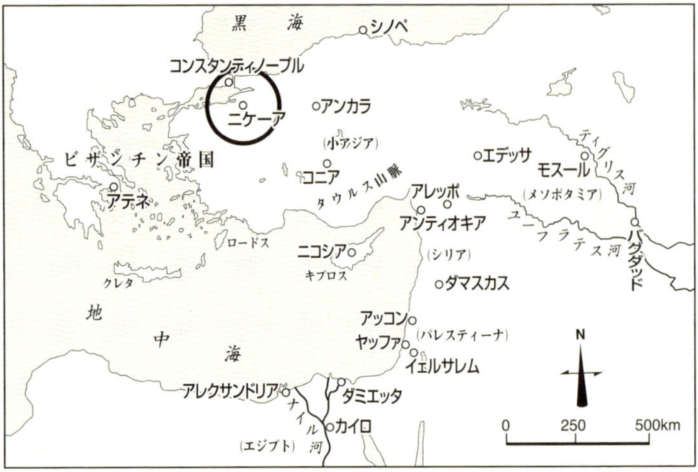


## ニケーアの市内に投げこまれた、その数一千と言われるイスラム兵たちの首

堅固な城壁で囲まれたニケーアをめぐるキリスト・イスラム両軍の攻防は熾烈をきわめた。激闘はつづけばつづくほど、攻める側も守る側も平常心を失っていく。十字軍側は、倒した敵の首を切り離し、その半数は市内に投げこみ、残りの半数は袋につめてビザンチンの皇帝に送りつけたのだった。

この一件は、田舎者たちゆえに容易に操れると思いこんでいたビザンチン帝国の皇帝に、中世の北ヨーロッパ人の野蛮な力への警戒心をいだかせることになる。

G. Doré
H. PISAN

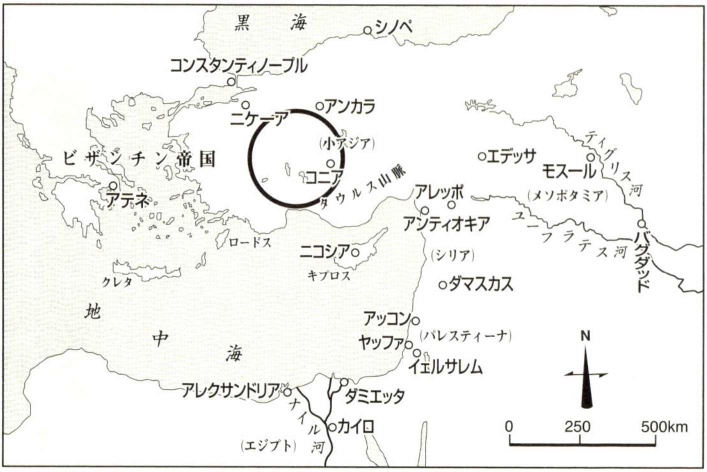


## 先行した人々の末路

隠者ピエールの十字軍は烏合《うごう》の衆ではあったが、それだけに数は多かった。この人たちの多くはまとまりもなく勝手に先に進んだので、途中で倒れる者が多かったのである。

ある者は、侵略者と見たイスラム教徒の住民に襲われて命を落とし、他の者は、食もなく水のありかさえもわからない他国をさ迷い歩いた末に命つきた人々だった。一説では、ヨーロッパを後にしたときの十万人は、東欧を通過し小アジアを通り過ぎた段階ですでに二万に減っていたという。

封建諸侯たちの第一次十字軍は、同じキリスト教徒たちの亡骸《なきがら》を踏んで、聖地に向ったと言ってよかった。

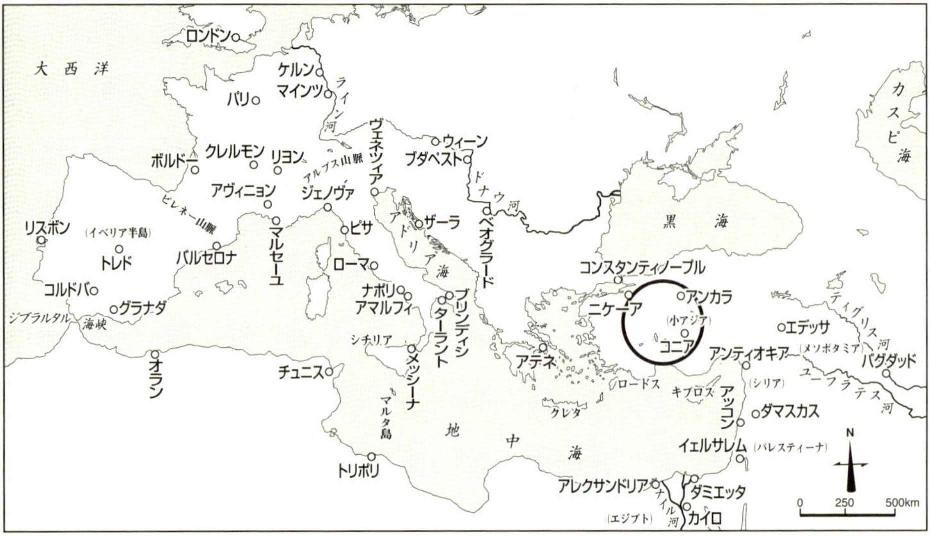


## 戦士たちを激励してまわる聖職者たち

十字架に誓うことで十字軍に参加することになったキリスト教徒にとっては、イスラム教徒が相手ならばすべてが「聖戦」になる。

普通の戦闘ならば、戦闘を前にして兵士たちを激励するのは司令官の役割になる。それが十字軍では、この役割を務めるのは司祭や修道士たちであり、その背後にあってこれらの聖職者たちに権威を与えるのは、華麗な僧衣に身を包んだ司教や大司教であったのだ。

G.Doré
H. PISAN

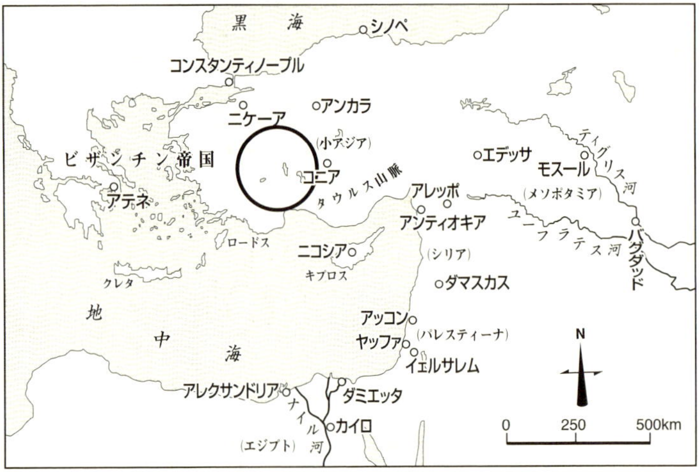


## ロレーヌ公ゴドフロアを先頭に、突撃する十字軍

小アジアを北西から南東に横切るだけなのに、これは十字軍に相当な難行軍を強いた。

とはいえ、平和なときでも馬上槍試合などに熱中しては剣を振うのに慣れた男たちだ。そのうえ今度は、同じケンカでも神の望まれたケンカをしているのである。勇猛で聴こえたトルコ系のイスラム兵に対しても、こちらも勇猛に果敢に向っていく気概にはあふれていたのだった。

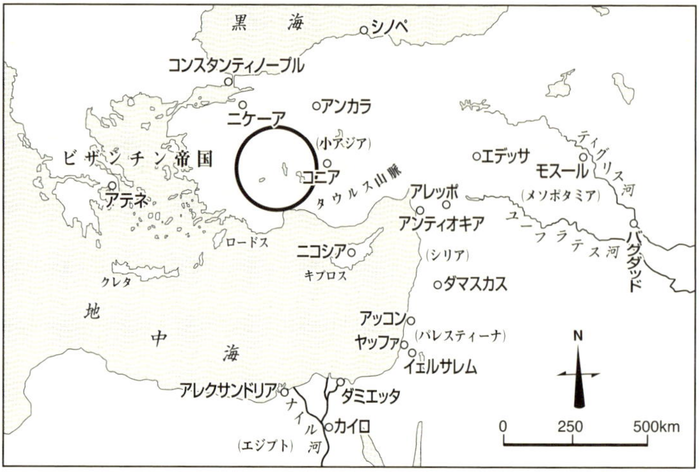


## 戦闘終了後に、戦死した人々を弔《とむら》う聖職者たち

十字軍には司教のような高位の人から修道士に至るまで多勢の聖職者が同行していたが、この人々の役割は、戦闘に向う兵士たちの激励に加え、戦闘後に死者たちを弔うこともあったのは当然である。

それに十字軍は、神とキリストのために闘っているのだ。戦場に倒れた者も「戦死者」とは呼ばれず、「殉教者」と呼ばれた。

第一次十字軍はこうして、激励され、闘い、弔われ、をくり返しながら東に向って進軍して行ったのである。

キリスト教側の記録にあふれるのも「殉教者」、迎え撃つイスラム側の記録にあふれるのも「殉教者」、という戦場に向って。

QUESNEL

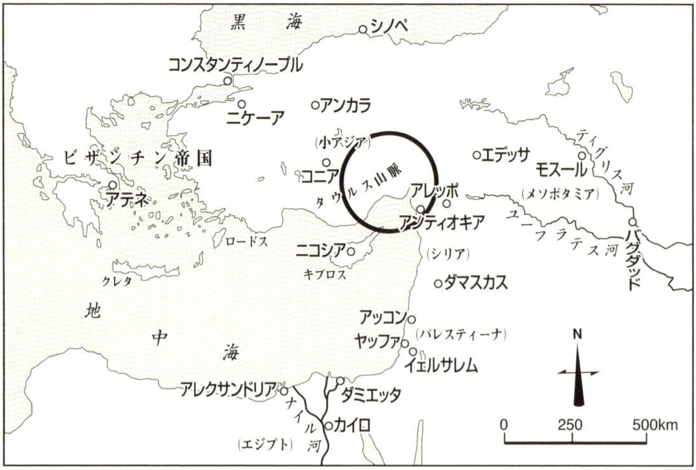


## タウルス山脈を越える十字軍

小アジアからシリアに向うには、小アジアの南東と地中海の間に立ちふさがっているタウルス山脈を越えねば行けない。

山脈と言っても、ヨーロッパのアルプスを思えば、さしたる難所ではない。だが、ここまでの小アジア横断中に闘ってきた数々の戦闘、敵地ゆえの兵糧確保の苦労などが重なって、倒れたままで先に進めなくなった人も馬も多かったのである。

しかし、この向うにはシリアがある、そしてその向うにはイェルサレムがある、という想いだけが、先に進む力を彼らに与えたのかもしれなかった。

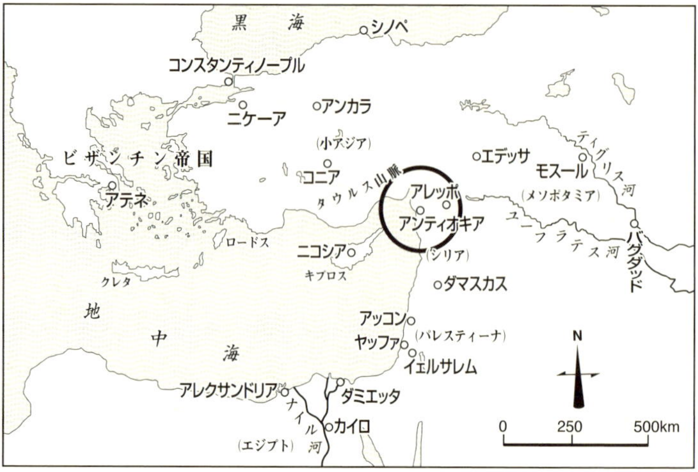


## アンティオキア攻略戦始まる

　地中海が「内海」であったローマ帝国時代、帝国の三大都市といえばローマとエジプトのアレクサンドリアとシリアのアンティオキアだった。コンスタンティノープルを首都にしたビザンチン帝国時代に入っても、アンティオキアは、アレクサンドリアやコンスタンティノープルと並ぶ三大都市の一つでありつづけたのだ。

　このアンティオキアも、中世も半ばの十字軍時代にはイスラムの支配下に入っている。だが、長年にわたって国際都市であったことによる伝統と蓄積はいまだに残り、容易には陥ちない防衛体制をそなえていた。

　しかし、このアンティオキアをそのままにしてイェルサレムには向えない。ゆえにアンティオキアの攻略は、第一次十字軍にとって、遠征の成否を決める鍵になっていたのだった。

G. Doré
A. Doms. Sc.

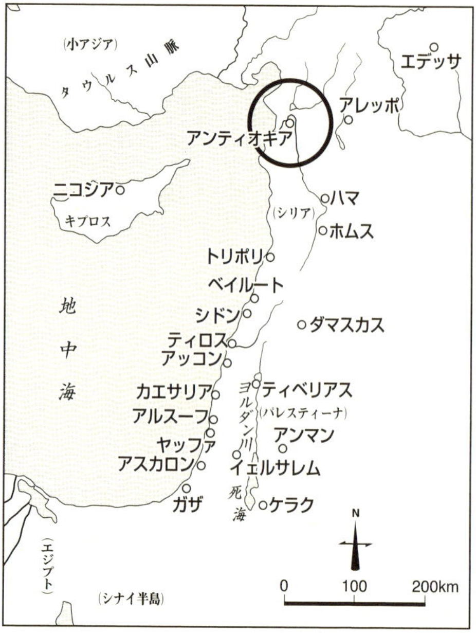


## ボエモンド、夜中に縄ばしごを登る

第一次十字軍に参加した諸侯の一人プーリア公ボエモンドと、ただちに後につづいた騎士たちが城壁の要所を固める塔の一つを占拠したことで、堅固な防衛力を誇っていたアンティオキアの運命も決まった。彼らが城門を開け、それを待ちかねていた十字軍の戦士たちが、いっせいに市内に乱入した後は簡単だった。

それにしても、八ヵ月もの攻防戦の末に得た陥落だった。古代からの大都市だけに、城壁だけでも鉄壁のつくりだったのだ。そのうえ、アンティオキアの総督だったトルコ人は、攻防戦に入るや市内からキリスト教徒の住民たちを追い出し、イスラム教徒だけで全力をつくして防衛するやり方をとっていた。

その八ヵ月、攻める十字軍側にも数々の試練が見舞っていたのだ。食の不足、勝手な行動に走る諸侯たち、迷信の横行、ついつい首を縦に振りそうなイスラム側からの講和の申し出等々。

このアンティオキア陥落は十字軍にとって、これらを乗り越えた末に手にした、最初でしかも本格的な戦果であったのだった。

H. PISAN

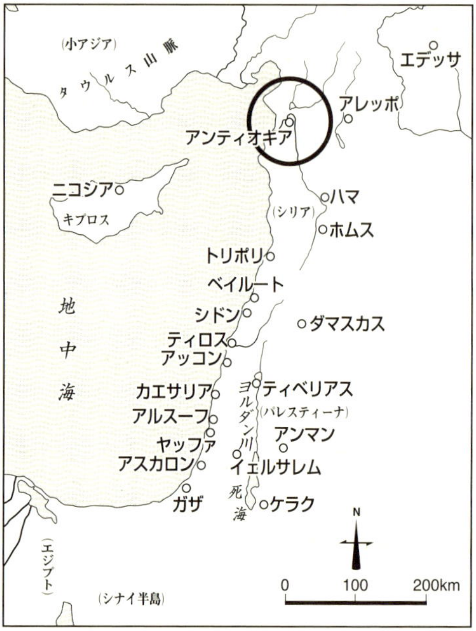


## 陥落後の殺戮《さつりく》

八ヵ月にも及んだ苦労の末に手にした勝利、ではあった。それに、陥落当時にアンティオキア内にいたのは、イスラム教徒だけと思われていたのである。市内に乱入した後の十字軍の、敗者であるイスラム教徒に対して行われた虐殺はすさまじかった。

十字軍の兵士たちは、いや兵士たちの後に従っていた巡礼さえもが、アンティオキアの市内にいた住民たちを殺しまくったのだ。イスラム教徒を殺しその手から聖地を奪還するのが神の望まれること、と言って送り出したのはローマの法王である。十字軍兵士も巡礼者も、〝安心して〟殺しまくったのにちがいない。

とはいえ、聖都イェルサレムへの道は、これで開かれたのであった。

Jonnard

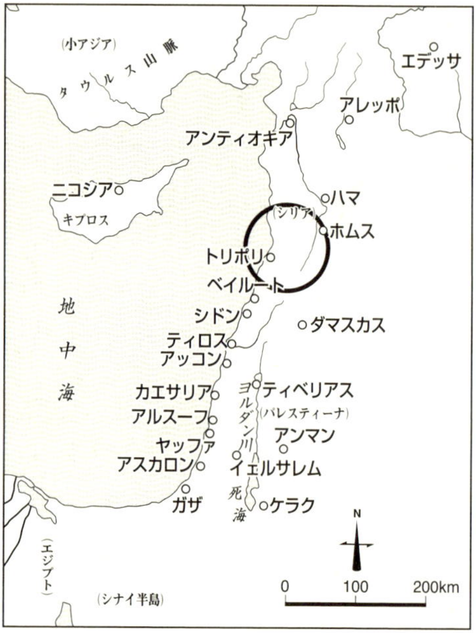


## 「火の試練」に挑む バルトロメオ

自分の言ったことが正しいか否かを神に証明してもらうのに燃える火の中を裸足で通り過ぎる行事を、キリスト教では「火の試練」と呼ぶ。

アンティオキアの攻防戦は八ヵ月にわたった。攻める十字軍側にしても、先の見えない状態が八ヵ月もつづいたことになる。不安に駆られた人々が、奇跡と見れば見境なくすがりついたとしても当然だ。その一つが、十字架にかけられたイエス・キリストの脇腹を突き刺した槍の先端部分が発見されたという噂だった。

発見者は、十字軍に従《つ》いて来た巡礼の一人バルトロメオ。だが、この「聖なる槍」を示されて、落ちていた士気が一変したのも事実であったのだ。

だが、しばらくすると、人々の間に、あれは偽物ではなかったのか、という声が広まった。それでバルトロメオは神に証明を求めたのだが、無事に火の中を通り抜けるどころか大火傷を負い、それがもとで九日後に死ぬ。

にもかかわらずこの「聖なる槍」は、21 世紀の今なおアルメニアやウィーンの教会に、うやうやしく保存されている。ヒットラーも欲しがったということでも知られる、勝利を約束する「聖遺物」として。

G. Doré
H. PISAN

## ともに歩むキリスト

最大の関門であったアンティオキアも後にし、いよいよ遠征の最終目的地であるイェルサレムに向う十字軍では、これまであった諸侯の間の確執も消え、兵士も巡礼も心は一つになっていた。

イェルサレム目指して一路南下する彼らにしてみれば、自分たちのかたわらをともに歩む、主イエスの姿を見る想いであったろう。

そしてその姿は、彼らが故郷のヨーロッパの教会で見慣れた十字架上のイエスでなければならず、またそのイエスは、天使たちとともに現われるのも、中世のキリスト教徒にとっては当然すぎるくらいに当然な想いであったのだった。

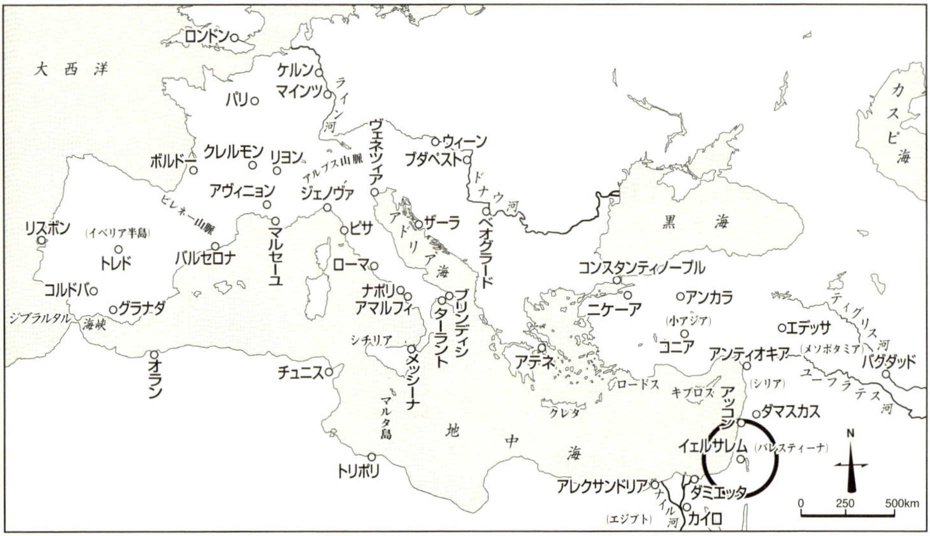


## イェルサレムを遠望して、感動に震える十字軍の戦士たち

北ヨーロッパからの遠路をはるばると、数多《あまた》の困難を乗り越えてたどり着いたのだから、聖都イェルサレムを遠望しただけで感激したのも当然だ。ヨーロッパを後にした日から数えれば、三年もの歳月が過ぎていたのである。

しかし、この時期のイェルサレムに住んでいたのは、大半がイスラム教徒である。彼らにとってもイェルサレムは、預言者マホメッドがここから天に昇ったとされているので聖都なのだ。当然、キリスト教徒に対する防衛に立つ。

ところが、徹底抗戦を覚悟したイスラム側がびっくりしたのは、ただちに攻撃をかけてくる十字軍ではなく、十字架を先頭に全員が列をつくって讃美歌を歌いながら城壁の下を行進する、十字軍であったことだった。

と言っても翌日からは、猛烈な攻撃を浴びせかけてきたのだが。

H. PISAN.

## 渇《かわ》きに苦しむ十字軍

封建諸侯が率いる騎士集団が主力であったのが第一次十字軍だが、軍としての組織では未熟とするしかなかった。指揮系統は一本化されていず、諸侯たちは勝手な行動に走りがちで、そのうえ兵站《ロジスティクス》の概念のみでなく、地勢や気候への予備知識さえも欠いていたからである。いや、これらのことの重要性さえも、認識していなかったのではないかと思えるほどなのだ。

その彼らを待っていたのは、猛烈な水の欠乏である。水量も多くゆったりと流れる河川を見慣れているヨーロッパ人には、中近東の内陸部の気候と地勢は苛酷だった。イェルサレムを守るエジプト人の長官が、井戸という井戸に毒を入れていなかったとしても、水不足は十字軍を悩ませたにちがいない。数だけは多かった第一次十字軍の犠牲者は、イスラム教徒と闘って死んだ者よりも、飢えと渇きによって途中で命を落とした者のほうが多かった、とさえ言われている。

G. Doré

## 二度目の総攻撃も、失敗に終わる

十字軍はこのイェルサレム攻撃に、ヨーロッパではたまに使われたこともあった攻城戦方式で臨んだ。それは古代のローマ軍が活用していた戦法だが、城壁と同じ高さになるような高い木製の塔を作り、城壁の下から城壁の上を攻める不利を、同じ高さにしたうえで攻めることで解消する戦法である。古代では同じローマ帝国に属していたヨーロッパと中近東だが、中世の中近東を支配していたイスラム教徒は、昔のこととて忘れていたのかもしれない。

だがこの戦法も中世では、使いこなすうえでの経験量が不足していた。そして、これで攻められる側も、使いこなしていない相手の弱点を見抜くのならば早かった。イェルサレムをめぐっての攻防戦は、こうして、激闘の連続になるのである。

QUESNEL

## オリーヴ山の上に現われて、戦士たちを激励する聖ジョルジュ

激闘がつづき先も読めない戦争では、ついつい人は奇跡を待ち望む想いになる。それに、普通の戦争ではなく、聖戦なのだ。第一次十字軍の参加者たちはとくに、神とキリストと天使たちとともに闘っている想いであったにちがいない。なにしろ、神が望んでおられる、ことをしているのだから。

聖人ジョルジュは、後に大英帝国の守護聖人になるが、もともとは中近東の出身で、人々を苦しめていた龍を殺したことから戦闘の守護聖人とされている。イェルサレム攻撃で苦闘中の十字軍兵士の激励役としては、最適の聖者なのであった。

H. PISAN

## 先頭に立ってイェルサレムに攻めこむゴドフロア

第一次十字軍の総大将はゴドフロア・ド・ブイヨンであると、ライヴァル意識のある諸侯たちは別にしても、一般の兵士ならば誰もが認めていた。総司令官ともなれば、後方に陣取って指揮をとるのが普通なのに、彼だけは先頭に立って闘うのが常であったからだ。

イェルサレムをめぐる激闘の最中に、塔からの落とし橋を渡って城壁の上に最初に降り立ったのも彼である。これを見たイスラム側の兵士たちも、一瞬ひるんで誰一人動けなかったという。そのスキに、大将を一人にするなと叫ぶキリスト教側の兵士たちが、一丸となって突入した。これが、イェルサレムの運命を決したのである。

ロレーヌ公ゴドフロアとは、絵に描いたような中世の騎士であったのかもしれない。

## 発見された大十字架の前で、感涙にむせぶ十字軍の戦士たち

イェルサレム陥落後に、住民の家に隠されていたという十字架が発見された。十字架ならばどれも「聖なる十字架」だが、これだけは格がちがう。イエス・キリストがはりつけになったという十字架なので、人々は迷わずに「真なる十字架」と名づけた。彼らにすれば、黄金や銀で作られた十字架よりも、断じて価値があったのだから。その人々の意を汲んで、一千年もの歳月放って置かれた木の十字架が原型を保っていられるのかなどという、ヤボは言わないことにしよう。

しかし、感涙にむせんでいる戦士たちもこの直前までは、敗者となったイェルサレム在住のイスラム教徒たちを、アンティオキア陥落時に優るとも劣らぬ残酷さで殺しまくっていたのである。聖地解放とは、自らも血を流すが敵にも流させる中で進められていくことなのであった。

## 勝者ゴドフロアに挨拶に訪れた、周辺のイスラム都市の大守たち

キリスト教軍に攻めて来られたイスラム側は、第一次十字軍のこの当時はまだ、それが宗教戦争であることに気づいていなかった。北ヨーロッパの諸侯たちが、領土と富が欲しさに起した、侵略戦争と思いこんでいたのである。

それで、総大将のゴドフロアの許を訪れ、手みやげでもある金貨を積みあげた銀盆を差し出しながら、これからは年貢金を払うから自分たちの土地には攻めて来ないでくれ、と申し出たのだった。

言われたゴドフロアも驚いたろうが、この種の妥協に応じたのでは十字軍にならない。それで拒絶はしたのだが、大守たちはいちように、ゴドフロアの質素な身のまわりと素直な性格に感銘を受けたのだった。

なにしろ、ロレーヌ公ゴドフロアは、今ではイェルサレムの王であったのだから。

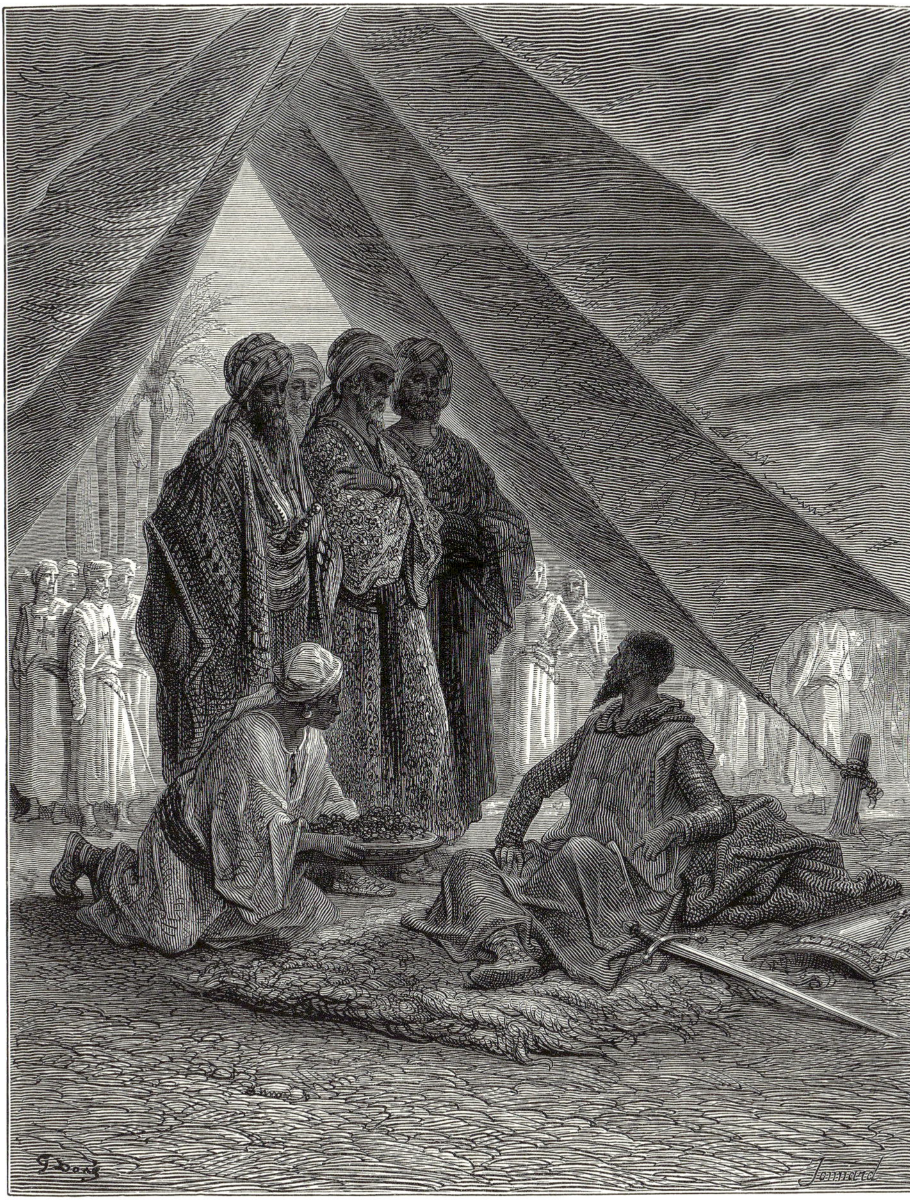

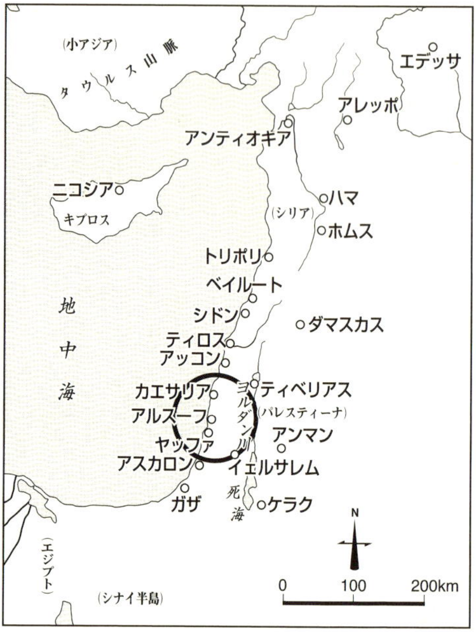


## アルスーフ攻撃中に 敵の手に落ちた騎士ダヴェネスを使って、 攻める十字軍に変心を迫るイスラム側

イェルサレムを奪還して以後も、十字軍の勢いは衰えなかった。兄の後を継いだボードワンの指揮下、北に南にとシリア・パレスティーナ地方の海沿いの都市の攻略に取りかかる。その十字軍の向うところどこにも、「真の十字架」が同行し、戦場の後方にあって戦士たちを激励するのが常になった。

この効あってか、イスラム側には十字軍の進攻を止めることができない。あらゆる手を使ったが、その中の一つが、捕えた十字軍側の騎士を城壁上に引き出し、撤退しなければこの者を殺すと脅すことだった。

だが、このときは、かまわないから攻めよ、と叫ぶダヴェネスの態度に感心したイスラム側が釈放してしまう。とは言ってもこのときは十字軍側も、アルスーフを落とすことができなかったのだが。

A. BELLENGER

## モスクに逃げこんだものの、<br>その内部で皆殺しにされたイスラムの人々

古代から繁栄していた海港都市カエサリアも、十字軍の猛攻の前に陥落した。そして、アンティオキア、イェルサレムとつづいた落城後の住民たちの殺戮《さつりく》は、カエサリアでもくり返されたのである。

中近東に住むイスラム教徒たちは、十字軍とはイコール皆殺し、と思うようになる。

しかし、人間は、絶望すれば起ち上る。不意を打たれたがゆえに押されつづけていたイスラム側に、反撃の気運が高まり始めていた。

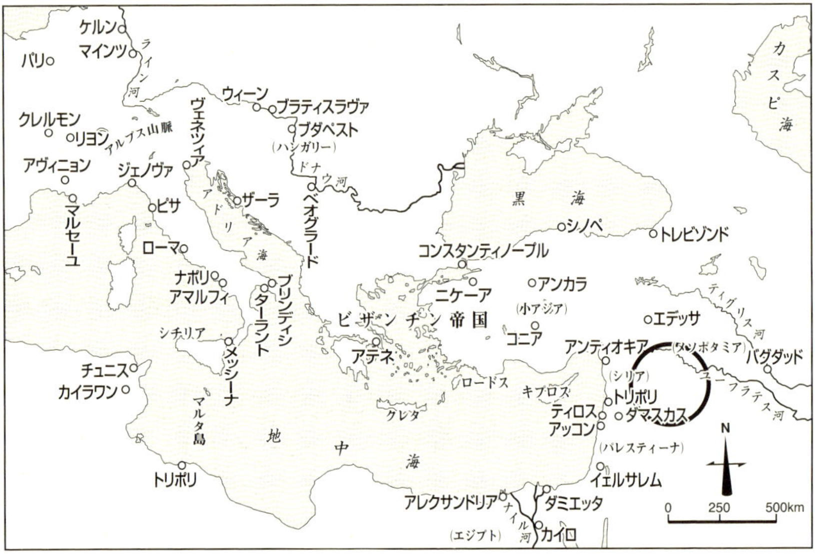


## 二万の敵に対して二百で立ち向い、英雄的な死を迎える戦士たち

西暦1100年を過ぎる頃からは、キリスト教側とイスラム側の武力衝突も、一段と激しさを増してきた。十字軍の行動範囲も、南はシナイ半島、東はユーフラテス河へと、大幅に拡大されていたからである。

そして、中近東のイスラム教徒たちも、自分たちの住む地へのこの侵略には、部族ごとの争いを理由に黙視をつづけることは許されなくなっていた。

だが、この戦線拡大によって、十字軍は、以前よりはより多くの戦死者を出すようになる。この人々は、「戦死者」ではなく「殉教者」と呼ばれ、天国に行くこと確実な人々ではあったのだが。

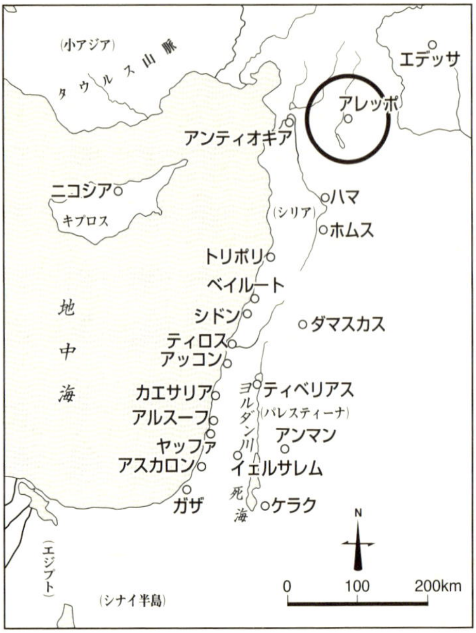


## 生き残った騎士の命を助ける、アレッポの大守

イスラム教徒と見れば見境なしに殺した十字軍に比べれば、ある時期までという条件つきにしろ、イスラム教徒のほうがより人間的に振舞ったと言うしかない。

ただし、これはイスラムの習慣だが、命を助けて自由にしてやると言っても、身代金を払ったうえでの話なのである。ゆえに哀れなのは、身代金は取れないと見なされた一兵卒や庶民出の巡礼が捕われた場合であった。この場合は一言の言いわけもなく、そのまま奴隷に売られたのである。

## イェルサレム王ボードワンの死

奪還成った後の初代のイェルサレムの王に選出されたのは、ゴドフロア・ド・ブイヨンであった。だがこの人は、それまでに力を使い果したとでもいうように、即位一年後に死ぬ。その後を継いでイェルサレムの王位に就いたのは、ゴドフロアの弟ボードワン。ボードワン一世と名乗り、十八年間王位にあった。

この時期、シリア・パレスティーナ地方の征服を終えた十字軍は、北から南に、エデッサ伯領、アンティオキア公領、トリポリ伯領、そしてイェルサレム王領と、分かれつつも全体では統一するという感じで勢力を確立する。その中でもイェルサレム王国が権威権力ともに最大とされたのは、ベイルートからガザに至る海港都市群を支配下に置いていたからだった。

なかなかに有能な君主であったボードワンだったが、シナイ半島への遠征中に死が襲う。そしてこの人の死は、それまでは圧倒的であった十字軍の勢力に、影がさし始める時期と一致することになった。

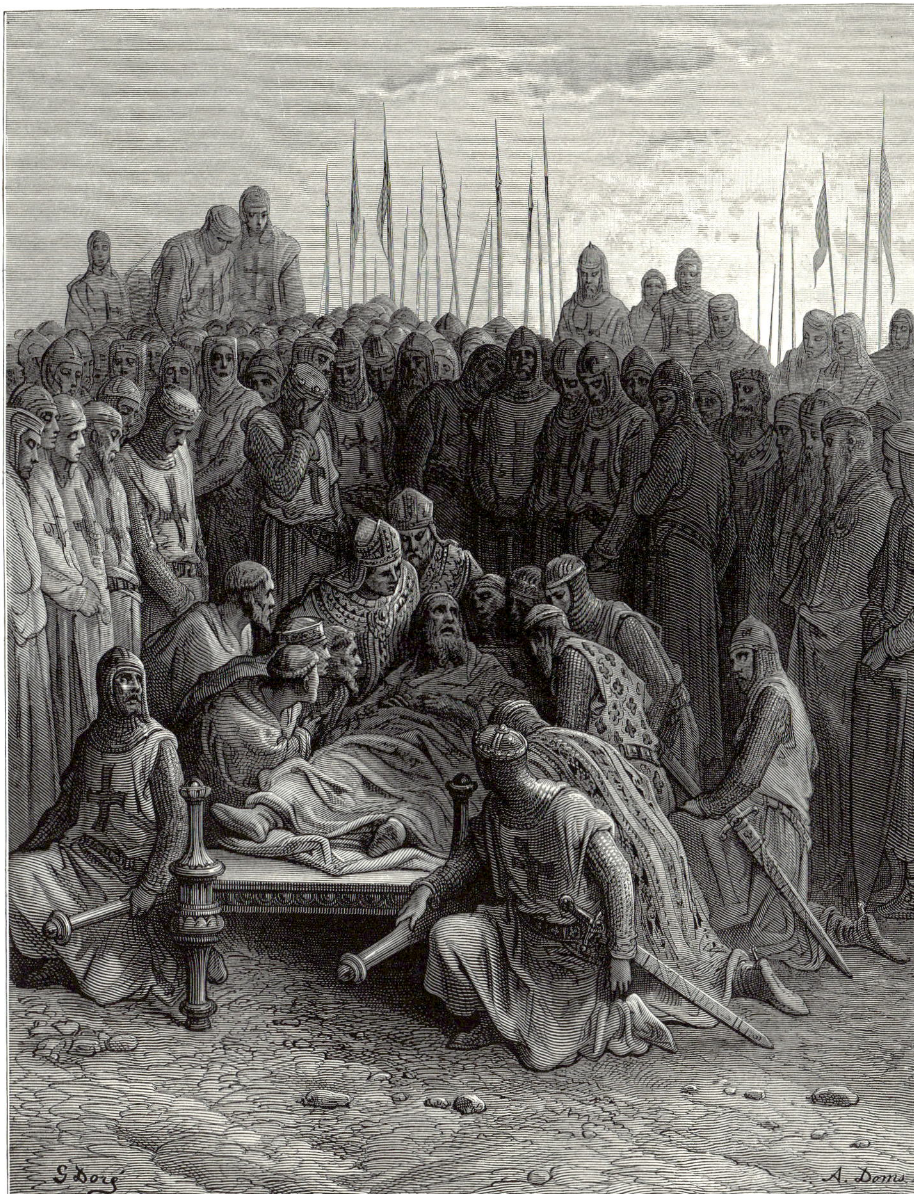
G. Doré
A. Doms sc.

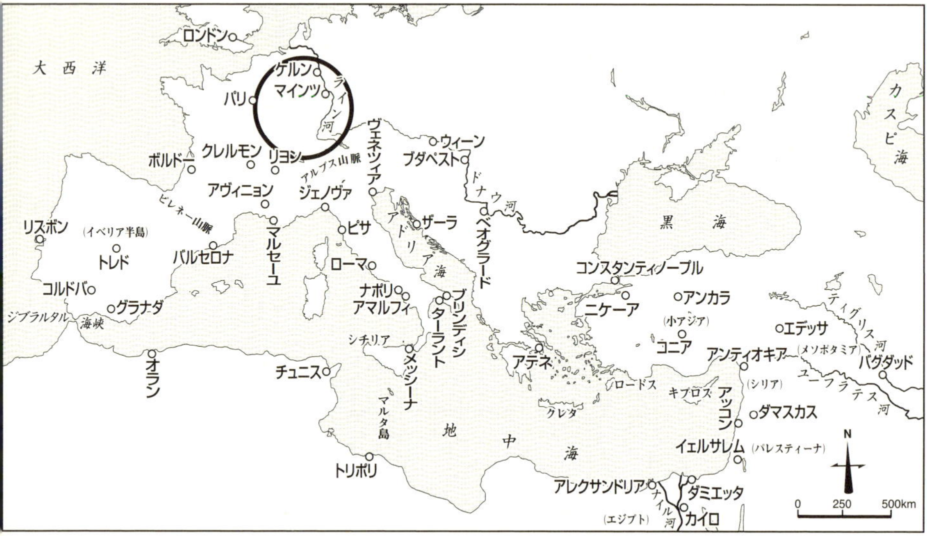


## フランス王ルイ七世、<br>聖ベルナールの前で十字軍遠征を誓う

中近東を支配下に置くようになっていた十字軍勢力にさし始めた影の最初は、エデッサ伯領をイスラム側に奪還されたことだった。

バグダッドを中心とするイスラム世界から十字軍国家を守る砦の役割を果していたエデッサを失っては、その西側に位置するアンティオキアがまず初めに、直接に敵にさらされることになる。オリエントの十字軍勢力にとってはもちろんのこと打撃だったが、西欧のキリスト教世界にとっても無視は許されない出来事になった。

この打撃をはね返そうと、第二次になる十字軍が西欧で結成される。今度は、封建諸侯が率いるのではない。彼らの上に立つ、フランス王とドイツの皇帝が自ら軍を率いての十字軍になる。

この第二次十字軍を、ローマ法王代理の格でまとめあげたのが修道僧のベルナールで、この人は、その功績によってまもなく聖人に列せられた。

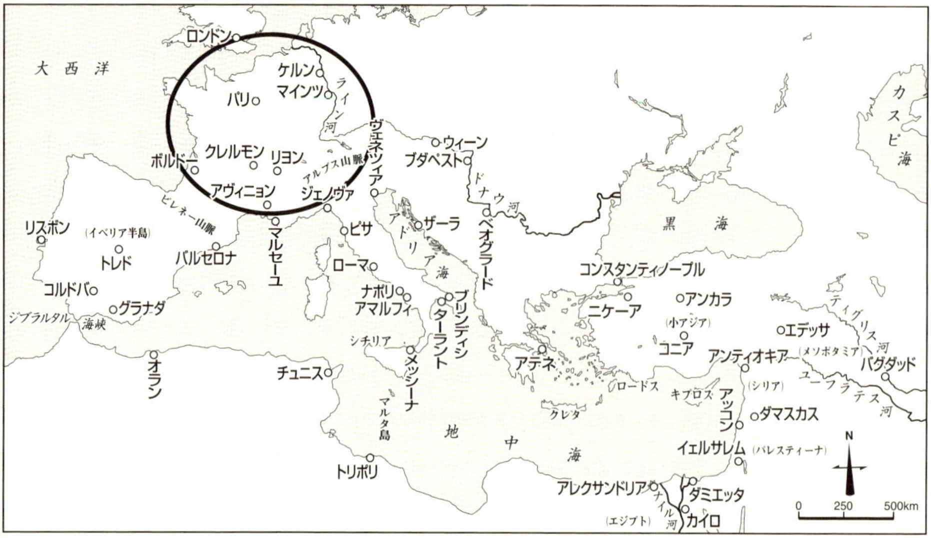


## 十字軍への募金運動

第一次十字軍とはちがって説得役も、一介の隠者ではなくフランス最大の修道院に属すベルナール。それに応じて起《た》ったのも、封建諸侯クラスではなく、その上に位するフランス王ルイとドイツ皇帝コンラッド。十字軍への募金運動も、西欧全域に広まったのだった。

つまり、第二次十字軍とは、キリスト教世界が上から下まで一体になって、第一次とは段ちがいの格づけの陣容で送り出した十字軍なのである。その目標も、エデッサを取りもどすだけでは終らず、それによってシリア・パレスティーナの十字軍勢力をしっかりと定着させることにあったのだった。

海側からの十字軍国家への補給も、台頭めざましいイタリアの海洋都市国家が担当するようになっていたので、この目標の達成は決して夢ではなかったのである。

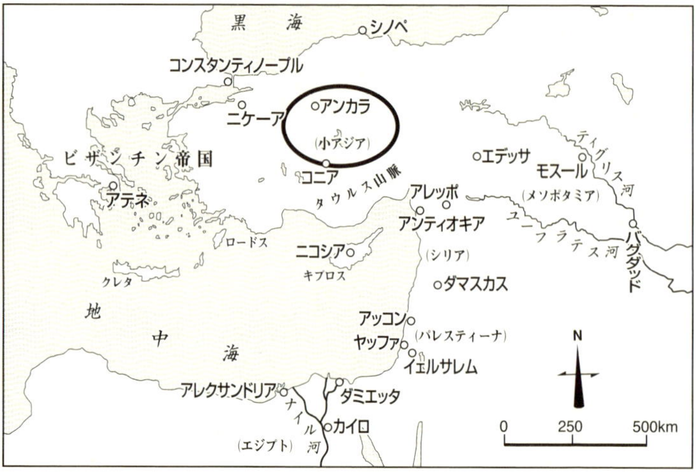


## コンラッド率いるドイツ軍、小アジアの山野に屍《しかばね》をさらす

イスラムの世界でも、旧家や新興という感じに似た民族別の格差がある。正統イスラムはアラブ人だが、預言者マホメッドの布教以後急速に拡大したイスラム世界もすでに五百年が過ぎようとしていたこの時代、原理主義で硬直化していたアラブ民族に代わって台頭いちじるしかったのが、トルコマンノと呼ばれたトルコ系のイスラム教徒である。

ヨーロッパからオリエントに向う道である小アジアは、これらトルコ人の土地になっていたのだ。この小アジアの通過には第一次十字軍も苦労したが、皇帝が率いていながら第二次十字軍も、小アジア通過中にトルコ兵のゲリラ作戦に翻弄されることになる。

A BELLENGER

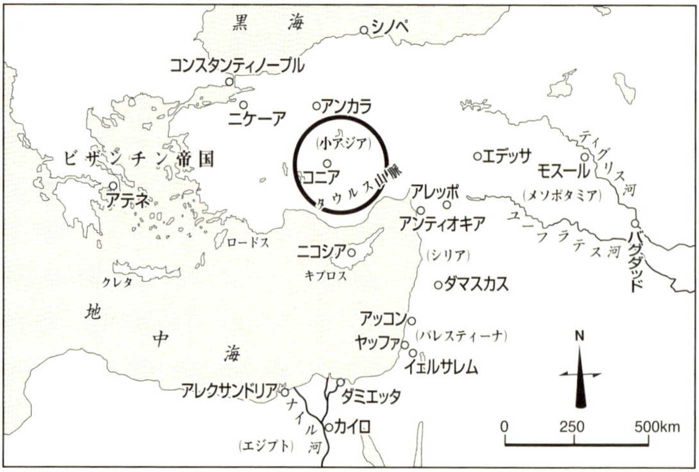


## 山上からの投石に立ち往生する、南ドイツのカリンツィア伯ベルナルドとその部隊

皇帝や王が率いる精鋭軍でありながら、トルコ兵のゲリラ作戦に翻弄されてしまった理由の一つは、この第二次十字軍で明らかになる、ビザンチン帝国皇帝のサボタージュにあった。

ビザンチン帝国自体は、強力な軍事力を持っていない。それで、十字軍を利用してイスラム側に奪われていた領土を回復しようと考えたのだが、その考えは、第一次十字軍が自分たちの国を建設してしまったために反古《ほご》になった。

これにイラ立った皇帝は、第二次十字軍の小アジア通過に際し、道案内役としての適切な人物の提供を怠ったのだ。いかに精鋭でも、道に迷っていては力は発揮できない。そこをゲリラに、いいようにされたのである。

第二次十字軍はこうして、「聖地」に到着する以前にすでに多大な犠牲を払い、それに応じて士気も落ちていたのだった。

G. Doré
A. Doms. Sc

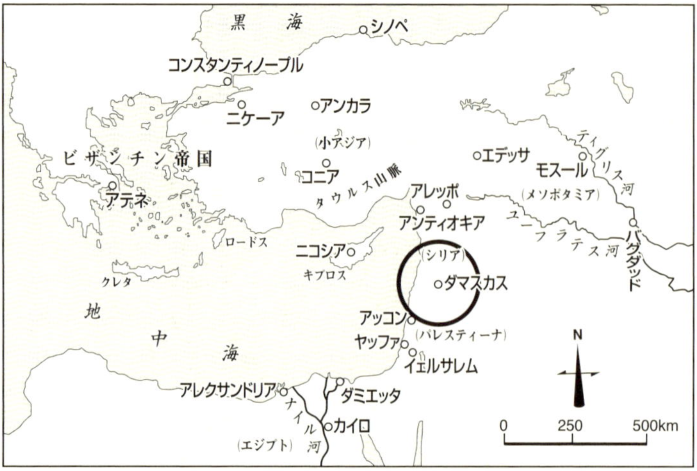


## 戦闘中に孤立してしまった、フランス王ルイ

皇帝コンラッドも小アジアの通過には多大な損失をこうむったが、その後につづいたフランス王ルイの払った犠牲も、ドイツ軍に劣るものではまったくなかった。ちがいはただ一つ、コンラッドは傷を負ったが、ルイは敵に襲われて一時は孤立はしたものの、傷だけは負わずに済んだことだけである。

要するに、当時の西欧のキリスト教世界ではトップ中のトップであったドイツ皇帝とフランス王が率いていながら、第二次十字軍はやっとのことで「聖地」にたどり着いたのであった。

しかも、この両者間で決ったのが、エデッサ奪還ではなくてダマスカス攻略という、大きな目標である。皇帝と王なのだから、エデッサなどという小都市よりも、大都市ダマスカスこそ攻略目標にふさわしい、とでも思ったのだろうか。

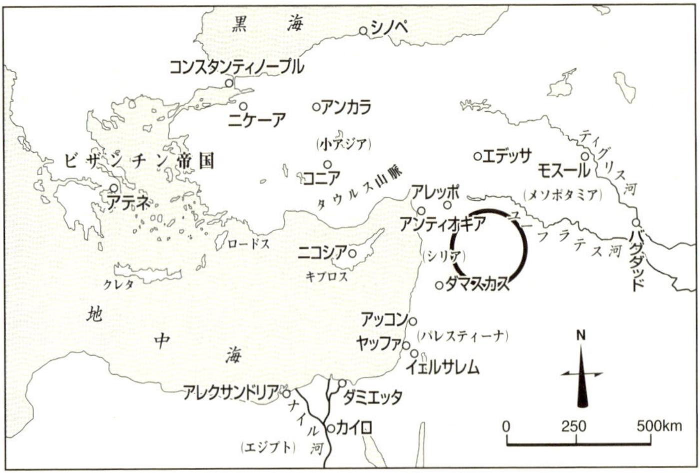


## シリア軍、砂嵐によって四散する

少しでも中近東の歴史を知っていればすぐにわかることだが、ダマスカスの攻略は難物中の難物なのである。

まずもってダマスカスは、古代からすでに大都市でつづいている。それもあって、アラビア半島から北に勢力を拡大していた時代のイスラム勢が、首都にしたのがダマスカスだった。その後はメソポタミア地方に勢力を広げ、バグダッドを建設して首都にするまで、イスラム世界の中心とされていた都市なのだ。この堅固な守りの大都市の攻略が、簡単に済むはずはなかった。

しかし、緒戦は調子よく始まる。迎え撃ってきたシリア軍が、砂漠の嵐で四散してくれたからである。砂嵐は、宗教に関係なく襲うからだった。

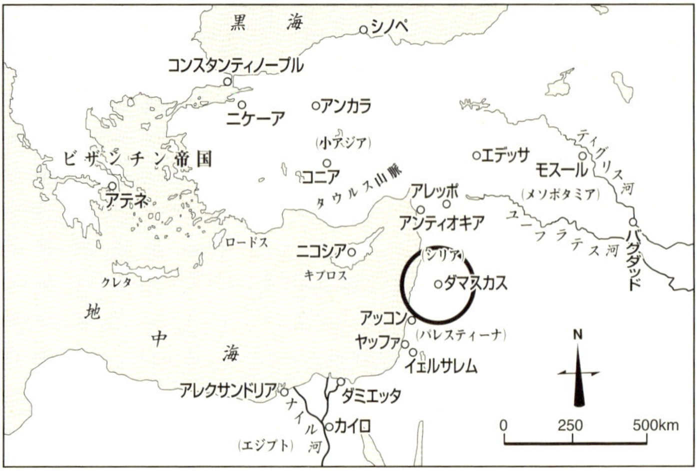


## 重傷を負い、死を待つばかりの戦士たち

第二次十字軍によるダマスカス攻略は、完全な失敗に終わった。数多くのドイツやフランスの兵士たちが、故国から遠く離れたオリエントの山野で命を落としたのである。

ドイツ皇帝コンラッドもフランス王ルイも、自分たちの地位では長く国を外にすることは許されない、という理由で、二人とも早々に、残った軍勢を率いてヨーロッパに帰って行った。

十字軍の後ろ盾であったローマ法王も、失敗の責任をとるなど思いもしないことでは同じだった。法王は言ったという。

「勝利は、神が良しとされた者たちが闘ったとき。敗北は、神が良しとされない者たちが闘ったとき」

しかし、第二次十字軍の失敗は、ただでさえイスラム側の憎悪の強化に直面していた、オリエントの十字軍勢の状態を悪化させたのも事実であった。

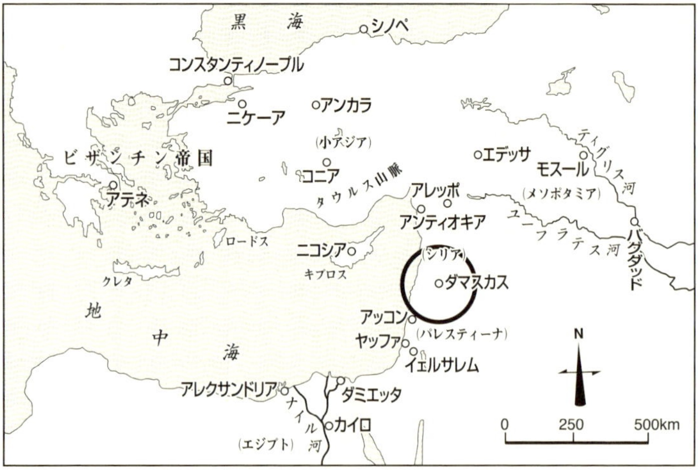


## 捕われの身になった、西欧の女たち

第一次とそれ以降の十字軍のちがいの一つは、女と言っても巡礼か娼婦が主であった第一次に対して、それ以降の十字軍の多くは高位の女たちが同行していたことだろう。

とくに第二次でのフランス王ルイは、王妃のエレオノーラ・ダキテーヌを連れて来ていた。王妃が来れば、王妃に仕える女官たちもそれにつづく。イスラム軍との戦闘に敗れるたびに、これらの女たちもイスラム側の捕虜になった。

ヨーロッパの女たち、それも宮廷の女たちを数多く手中にしたイスラムの男たちが嬉しくないはずはないが、イスラムには身代金を払えば自由にするという慣習がある。地位の高い女たちはそれで自由になれたが、身代金を払えず、払ってくれる人もいない女たちの運命は決まっていた。イスラムへの改宗を強いられ、どこかの大守か将軍のハレムに入れられるのだ。コーランでは、異教徒との性関係は禁じていたからであった。

Dumas sc.
G. Doré

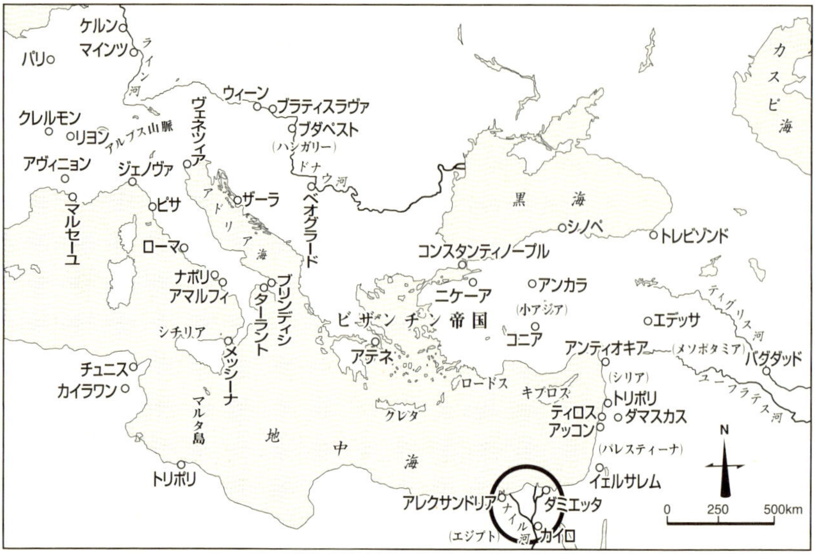


## サラディン、登場

　十字軍を侵略軍と見ていた中近東のイスラム教徒だけに、自分の住む町を追われた恨みの想いならば一致していた。また、第二次十字軍の失敗で、キリスト教徒が無敵でないのも知ったのだ。だが、彼らの一斉蜂起をはばんでいたのは、部族ごとの対抗心という利己主義だった。

　しかし、困難な状態に追いこまれていたオリエントの十字軍国家を助けたのは、敵の利己主義だけではなかった。キリスト教徒を守る目的で創立された宗教騎士団、テンプルと聖ヨハネの二大宗教騎士団の団員たちの働きによったのだ。もしもイスラム側にこれまでの不統一状態がつづいていたら、十字軍国家の運命も変わっていたかもしれなかった。

　だが、イスラム側にはサラディンが登場する。「聖戦《ジハード》」を旗印にかかげることでイスラムの諸勢力の統合に成功する、サラディンが前面に立つようになったのであった。

G. Doré
Jonnard

## 「真なる十字架」に勝利を誓いながら、戦場に向う戦士たち

本拠地エジプトで地位と力を確立したサラディンは、いよいよイェルサレムの奪還目指して北上する。そして、ダマスカスに前線基地を置いた。

一方、迎え撃つ形になったイェルサレム王も、宗教騎士団を主戦力にオリエントのキリスト教勢の力を総動員して、アッコンを後にしていた。ダマスカスからイェルサレムに向うサラディン軍を、その途中で迎え撃つつもりであったのだ。十字軍の軍事行動には常に同行していた「真なる十字架」も、この決戦には欠かせなかった。

しかし、サラディンは、「ジハード」を叫んでイスラム教徒の統合に成功しただけでなく、戦略と戦術の巧者でもあった。敵を不利な状況に追いこんだうえで壊滅にもっていく戦法によって、史上有名な「ハッティンの会戦」で完勝したのである。「真なる十字架」も、イェルサレム王や大司教とともに、サラディンの手に落ちたのだった。

G Doré
H Pisan

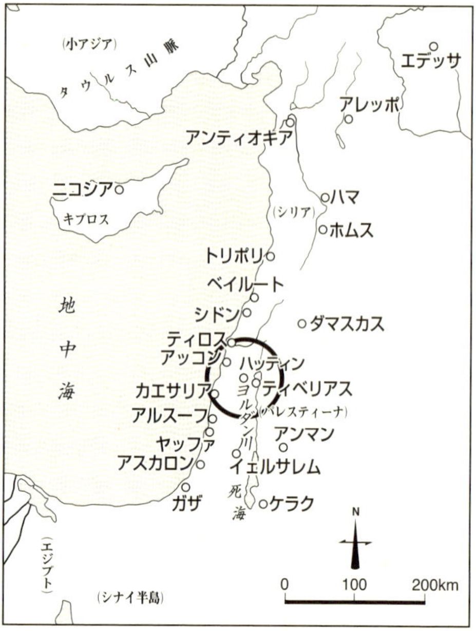


## テンプル騎士団の隊長　ジャック・ド・マイエの、壮絶な死

シリア・パレスティーナ地方の十字軍国家は、ハッティンの丘を囲む戦場で、総力を投入していながら完敗したのである。勝敗を分けたのは、個々の兵士の戦闘力の差ではなかった。兵士一人一人の力の差ならば、オリエントに定着しイスラム教徒を倒すことしか目標にしていないテンプルや聖ヨハネの騎士団員たちのほうが、断じて優れていたのだから。ハッティンで勝敗を決めたのは、あくまでも総司令官の戦闘のセンスにあった。

捕虜にされていたイェルサレム王ギー・ド・ルジニャンの命を、サラディンは助ける。彼ならば、生きていようと無害な存在であったからだった。

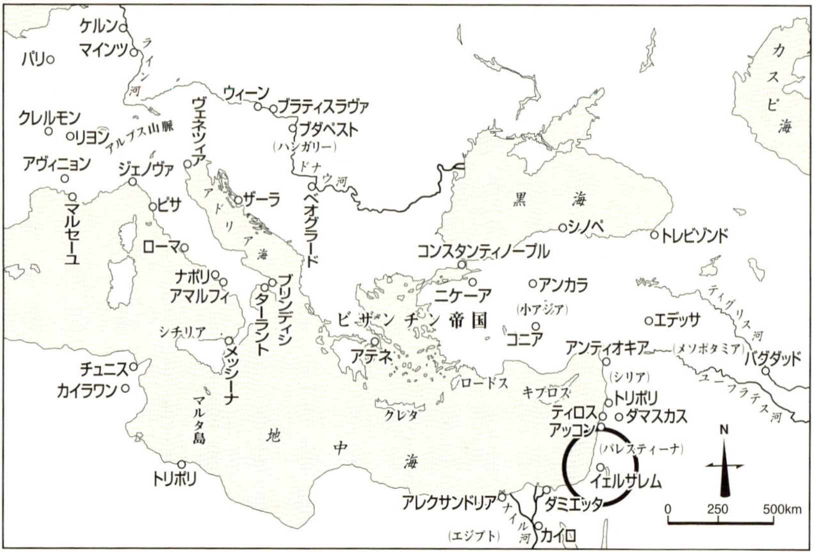


# 三夜にわたって、殉教戦士たちの屍《しかばね》の上に降りそそいだ奇跡の光

ハッティンの戦勝後に捕虜になったキリスト教徒の中で、サラディンが一人の例外もなく殺させたのがテンプル騎士団の騎士たちである。捕えたイスラム兵が身代金でもうけようと隠していた者まで、サラディンが買い取ったうえで殺させたのだから徹底していた。

聖戦《ジハード》をかかげることでイスラムを統一させただけに、サラディンは宗教のもつ力を熟知していたのだ。同じく宗教騎士団でも聖ヨハネ騎士団にはこれほどの敵意で対していないのは、「医療騎士団《オスピタリエリ》」の別名のほうで知られた聖ヨハネ騎士団は医療と戦闘との二本立てであったのに対し、テンプル騎士団のほうは、対イスラムという一事だけを目的にしていたからであった。

ハッティンの大敗後は無防備同然になったイェルサレムの陥落時でも、最後まで闘いつづけたのはテンプル騎士団の騎士たちであったのだから。

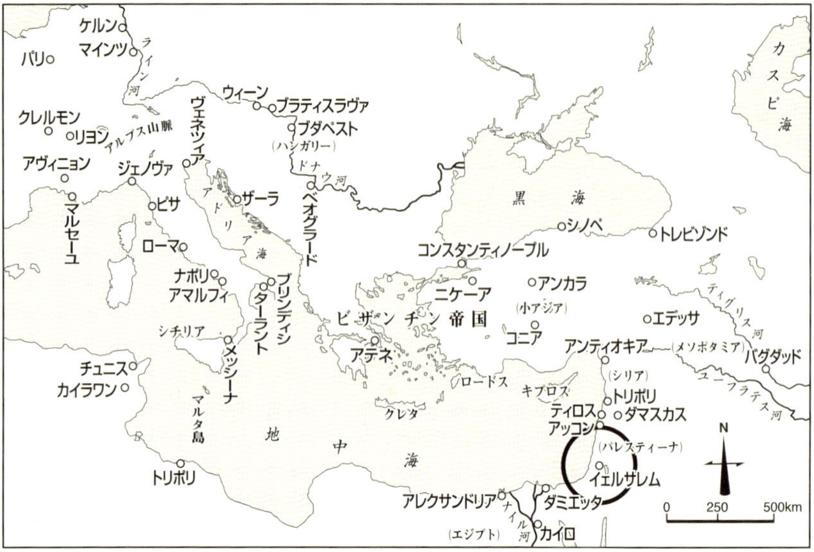


## アラーとマホメッドに感謝を捧げる、イスラム教の導師

イェルサレムは八十八年ぶりに、再びイスラム側にもどってきた。その間放置されていたモスクにも、イスラム教の聖職者である導師（イマム）がもどってくる。

そして、イェルサレムを失ったことは、一都市を失ったのに留まらなかった。キリスト教側に残ったシリア・パレスティーナの都市は、アンティオキアとトリポリとティロスの三都市だけになってしまったのだ。オリエントのキリスト教勢力は存亡の危機に立たされたことになるが、聖都イェルサレムが敵の手に帰しただけに、この知らせは西欧中を震駭させた。

早速、聖都奪還を目標にした十字軍が結成される。ドイツからは、「バルバロッサ」（赤ひげ）の呼び名で有名な皇帝フリードリッヒ一世。フランスの王は、フィリップ・オーギュスト。そしてイギリスからは、オリエントの地での獅子奮迅の働きによって、「獅子心王」と呼ばれることになるリチャード一世。

十字軍史の花とさえ言われる第三次十字軍が、オリエントに向けて発ったのであった。

A. Doms. Sc
G. Doré

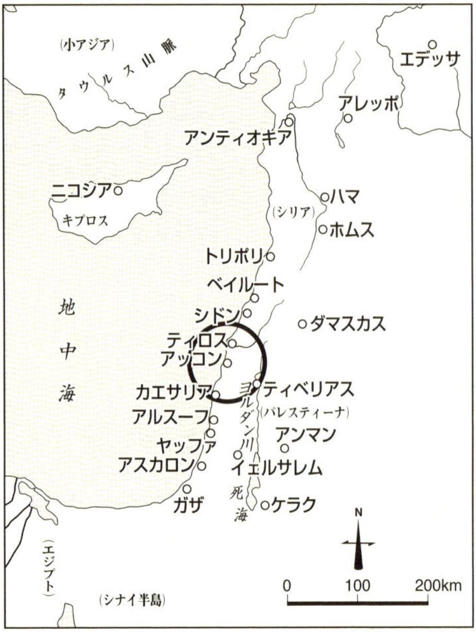


## アッコンの攻防戦

ほんとうは、サラディンによってアンティオキア、トリポリ、ティロスの三都市だけに押しこまれた中近東のキリスト教徒たちは、最後の力をふりしぼってアッコンの再復に挑戦していたのだ。アッコンが、西欧からの補給に最適な海港都市であったからだった。

出発したという第三次十字軍だが、陸路を選んだドイツ皇帝バルバロッサが、小アジアの川で水を浴びたとたんに死ぬという事故が起る。それでもフランス王とイギリス王は、攻撃真最中のアッコンに到着した。

オリエント在のキリスト教軍だけでも落城寸前まで行っていたアッコンだが、二人もの王を迎え、壮烈な攻防の末に陥落した。

それを見とどけて、フィリップ・オーギュストはさっさと帰国した。十字軍参戦への誓いは果した、というわけだ。おかげで、戦場にいるだけで生き生きしてくるリチャードだけが、残ってしまったことになる。

いよいよ、サラディン対リチャードの、一騎討ちの始まりであった。

G. Doré
Jonnard

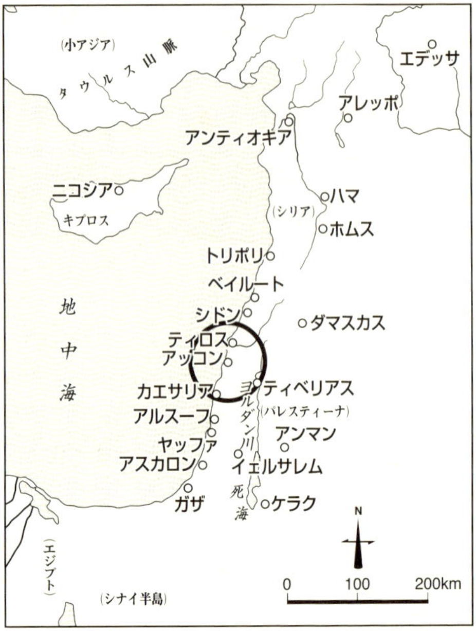


## リチャード、命は助けるとの約束を破って、降伏してきたイスラムの兵士たちを殺させる

第一次十字軍の当時からキリスト教徒は、征服した都市に住んでいたイスラム教徒を殺しまくって恥じなかった。しかし、命は助けると約束しておきながら、武装解除したとたんに殺したことはない。

また、サラディンも、宗教騎士団、それもとくにテンプル騎士団の騎士たちは容赦なく殺したが、助命を条件に降伏したイェルサレムの住民への約束は、身代金つきにしても守っている。

イギリスの王リチャードが初めて、助命を条件に降伏したアッコン防衛のイスラム教徒たちを、それを確約しておきながら、武装解除するのを待って殺させたのである。

これ以降はイスラム側も、キリスト教徒からこの一事も学んだのであった。

H. PISAN

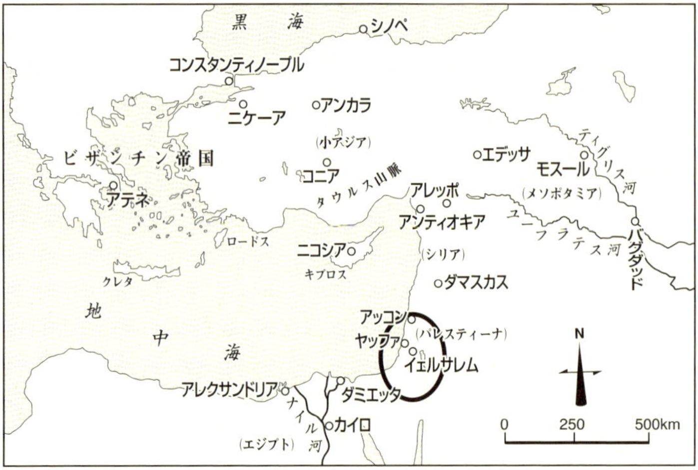


## イスラムの大軍に囲まれても一歩も退かない、リチャードと兵士たち

だが、戦場で向き合えば、話は別である。キリスト教徒の兵士もイスラムの兵も、戦士の誇りをかけて敢闘した。

サラディンと、その彼に奪い返された地を再び奪い返そうとするリチャード。この二人の間で、一進一退の戦闘がつづくのである。

この時期、経験量ならば豊富なサラディンは五十四歳。

一方、戦闘《バトル》ならばまかせてくれ、という感じのリチャードは三十五歳。

G.Doré
A.Doms.Sc

# キリスト教側の騎士と<br>イスラム側の騎士との間で行われた、<br>馬上槍試合の様子

十字軍の歴史のすべてが、戦闘一色に塗りつぶされていたわけではない。多くの面で、キリスト教徒とイスラム教徒の交流はあった。実際は、昨日までは戦場で殺し合っていた者同士なのに、とあきれるくらいに交流は多かったのだ。

そのうちの一つが、十字軍側の申し出で行われた馬上槍試合である。もちろん初めは、馬上槍試合の発祥地のヨーロッパから来た十字軍側が、イスラムの騎士たちに指導する。そして、行われた試合で汗を流した後は、ともに食事をし、談笑し、イスラム教徒には禁じられているはずの酒まで酌み交わしたという。イスラム側の記録ではこのヨーロッパ男たちを、おかしな奴らだ、とは記しているが嫌いではなかったらしい。

何語で談笑？　十字軍側ではアラブ語を学ぶ者がいたし、イスラム側にもラテン語やフランス語を解す者がいたのだった。

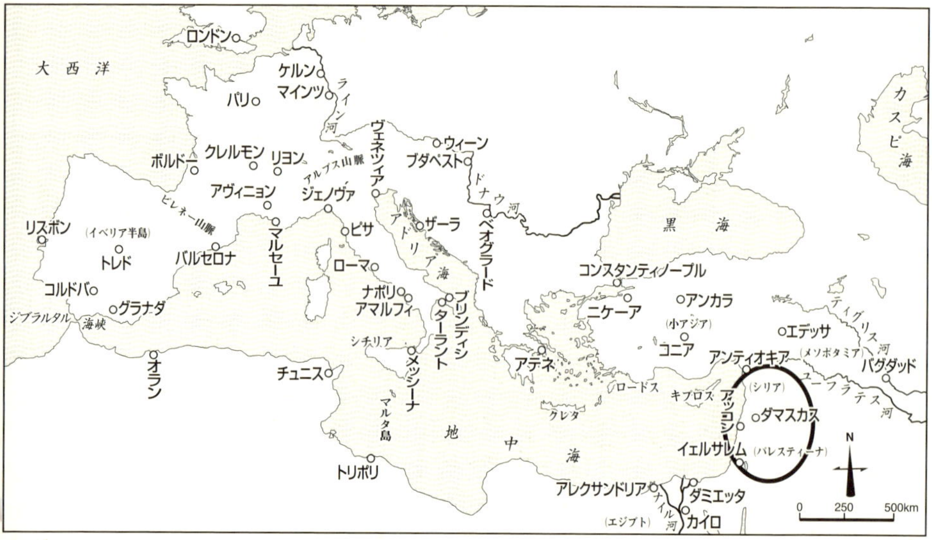


## 強き女たち

イスラム側の記録にも、キリスト教側には武装して闘う女がいる、とある。そのような女たちは、頭から足の先まで武装し馬を巧みに操り、男に負けない闘いぶりであったという。落馬させかぶとをはぎ取って初めて女であることに気づいたと、感心して書いている。

中近東に打ち立てた十字軍国家は、常に周辺のイスラム勢力に脅《おびや》かされていた。このような環境に生まれれば、女であろうと自衛のためには剣を手にしただろう。それに世は、騎士たちがもてはやされた中世である。少しばかり気が強い女ならば、甲冑をつけ槍をもち剣を振うことでも、さしたる抵抗感もなしにやれたにちがいない。なにしろ、殺されるか、でなければハレム行きか、であったのだから。

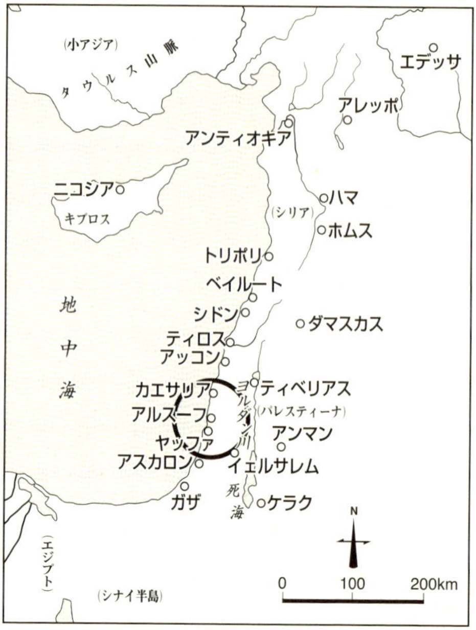


## アルスーフをめぐる、十字軍とイスラム軍の戦闘

アルスーフは、海港都市としての重要度よりも、近くを流れる川沿いに内陸部へ向えばイェルサレムに着く、という位置にあることで重要なのだ。

サラディンに奪われたイェルサレムを奪い返すことが、リチャードにとっての最大目標であった。それには、アルスーフを手中にすることが先決したのである。

このアルスーフをめぐって、サラディン率いるイスラム軍と、リチャードの指揮下一丸となった十字軍勢力が正面から激突したのである。戦況は、どちらも一歩も退かず、激闘の連続になった。

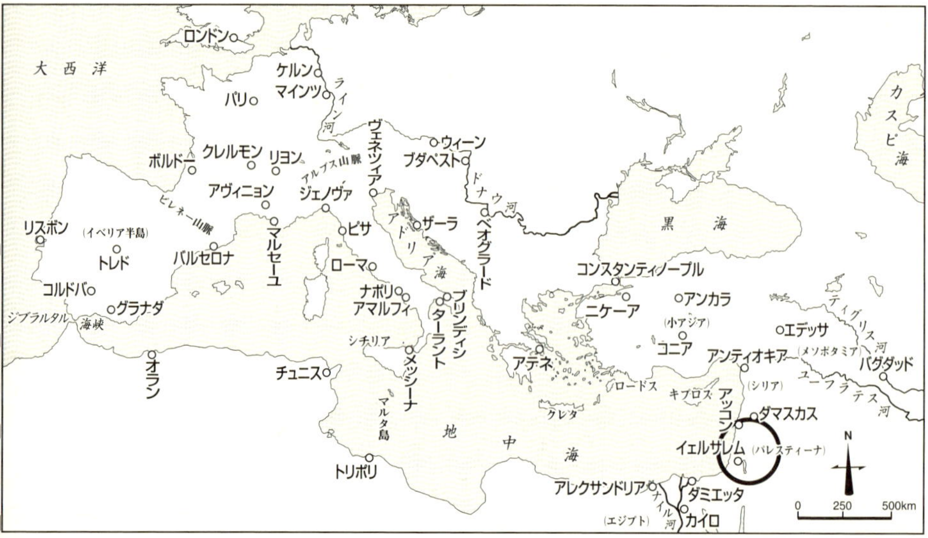


## 先頭に立って、獅子奮迅の働きをするリチャード

「獅子心王」という綽名《あだな》は、一説では、キリスト教徒がつけたのではなく、敵側のイスラムの兵士たちがつけたと言われている。ライオンを尊ぶ気運は、中世ではオリエントのほうに強かったというのだ。

事実、リチャード獅子心王は、総大将ならば後方から指揮をとるものという常識を引っくり返して、自ら先頭に立って斬りこむ闘い方で一貫する。敵側もその勇猛さにはたじたじとなり、思わず道を開けてしまうほどであったと、イスラム側の史家たちも書いている。

リチャード獅子心王は、中世のヨーロッパ人よりも同時代のイスラム教徒の間のほうで、有名人になっていたのかもしれなかった。

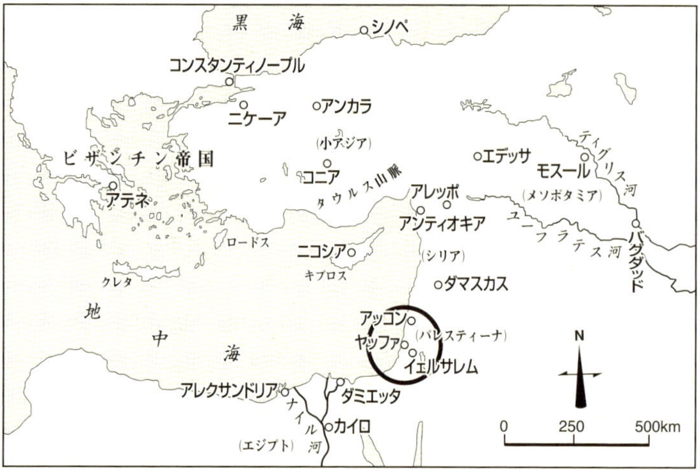


## リチャード獅子心王、ヤッファも奪い返す

なにしろ、「ライオンの心をもつ男」なので、落馬させたくらいでは勢いを止めることができないのである。騎兵として闘おうが歩兵として闘おうが、この人には何のちがいもなかったようであった。

だが、総大将としてならば無謀、としてもよいくらいの勇猛果敢ぶりで味方の兵士たちを引っぱったおかげで、アルスーフにつづいてヤッファも奪い返せたのである。イェルサレムまであと一歩、というところまで来たのだった。

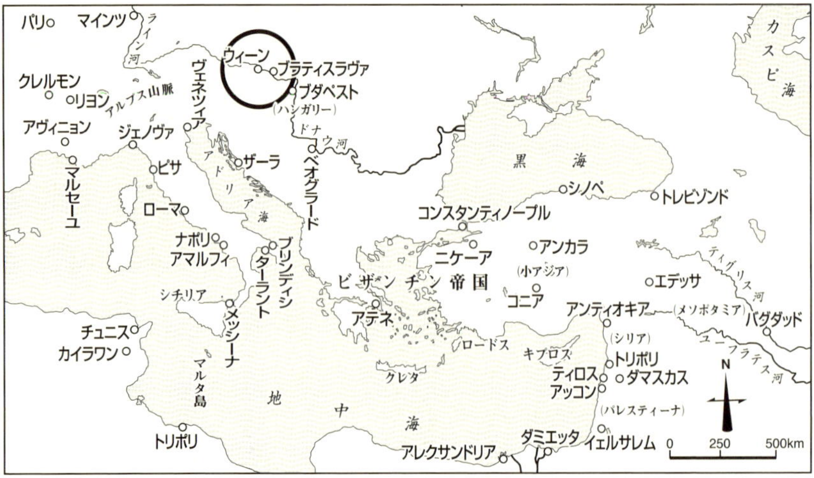


## ブロンデッロ、リチャードの声を聴く

しかしリチャードも、一国の王である。パレスティーナの地で戦闘に熱中している間にも、本国イギリスからは、弟ジョンとその一派の不穏な動きを告げ、一日も早い帰国を求める使者が絶えなかった。

帰国するしかなくなったリチャードは、サラディンに講和を提案する。意外にも簡単に、両者の間での講和は成立した。ただしサラディンは、リチャードが要求した、イェルサレムと「真なる十字架」の返還だけは断固拒否したが、その代わりに、海港都市群の不可侵は約束したのである。

それでようやく帰国できるようになったのだが、オッチョコチョイなところもあるリチャードのこと、イスラムの捕虜にはならなかったのにキリスト教徒の捕虜にされてしまうのである。一時は、居どころさえも不明という有様。

それがわかったのは、偶然に通りかかった吟遊詩人のブロンデッロが、城の塔の上の部屋から聴こえてくる歌声がリチャードのものだと認めたからである。

この吟遊詩人はパレスティーナ滞在中のリチャードと知り合い、彼の前で歌ったことがあったのだ。しかも、塔の部屋から聴こえてきたのは、この詩人が作ってリチャードに贈り、リチャードが愛唱していた歌であった。

居どころがわかるや母のエレオノーラが八方手をつくしたおかげで、リチャードは釈放され帰国の途につく。イギリスの土を踏んだ後のリチャード獅子心王は、ロビン・フッドを主人公にしたありとあらゆる映画の最後に顔を出す男、でもある。

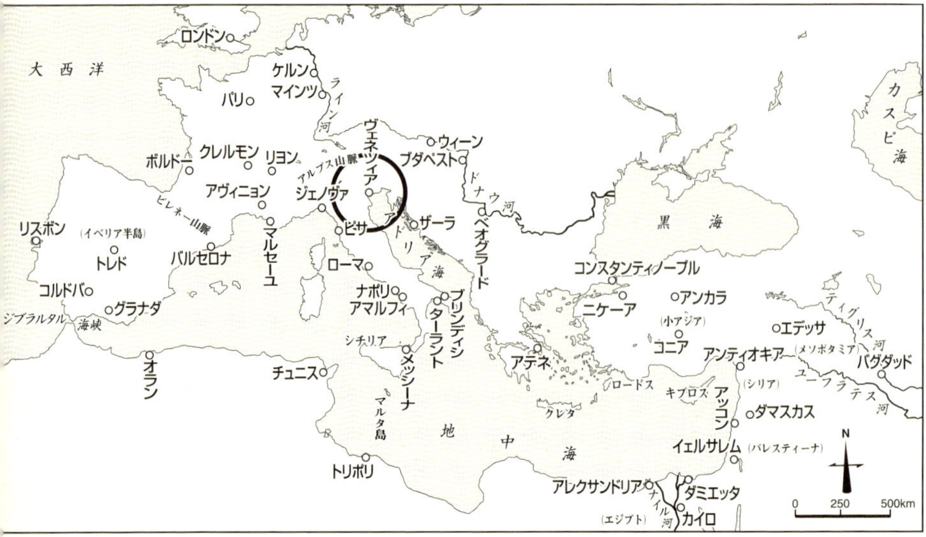


## 元首ダンドロ、聖マルコ寺院に集まった市民に、十字軍の必要を説く

リチャードが帰国したことで終わった第三次十字軍だが、十年余りの期間とはいえ、シリア・パレスティーナ地方の十字軍勢力に平和を恵んだのである。

だがこれも、リチャードとの約束をサラディンが守ったからではない。イスラムの英雄は、リチャードの出発後まもなく死んでいる。もしも獅子心王の帰国がもう少しのびていれば、イェルサレムも奪い返せたのではないかと思うほどだ。

オリエントのキリスト教勢に平和を与えたのは、一代の英雄の死後とて必ず起る後継者争いで、イスラム側が攻勢に出てこれなかったからであった。

だがそれゆえに、第四次十字軍がパレスティーナではなく、ビザンチン帝国に向うことができたのである。

そしてこの第四次十字軍は、それまでの十字軍の海上輸送と補給で先行していたライヴァルのピサとジェノヴァに対し、逆転の好機をヴェネツィアに与えることになる。

海運国ではないフランスもドイツもイギリスも、地中海を横切るとなるとイタリアの海洋都市国家に頼るしかなかったからだった。

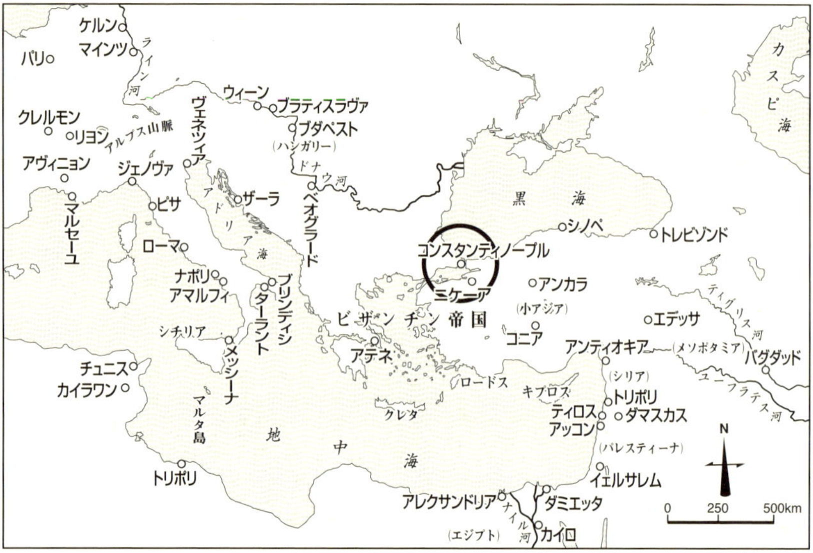


## 十字軍が活用した、攻城器の数々

ヴェネツィアが本格的に参戦するようになるや、大都市の攻略には絶対に必要な大型の攻城器も、現地に行って作るのではなく、本国で製造して現地まで輸送するように変わる。それさえ可能な船の造船技術を、もっていたからできたことでもあった。

ヴェネツィア共和国は、都市国家であることから人口が少ない。領土型の国家であるフランスやイギリスに比べて、十分の一の人口しかない。それゆえ、合理化と機械化への執着は徹底していた。

建都から九百年、いかに当時のビザンチン帝国は弱体化していたと言っても、これまでのイスラムの攻撃にも落ちなかったコンスタンティノープルである。これを落とそうと言うのだから、陸と海の双方からの有機的な攻撃が成されねばならなかった。

G. Doré
A. Doms sc.

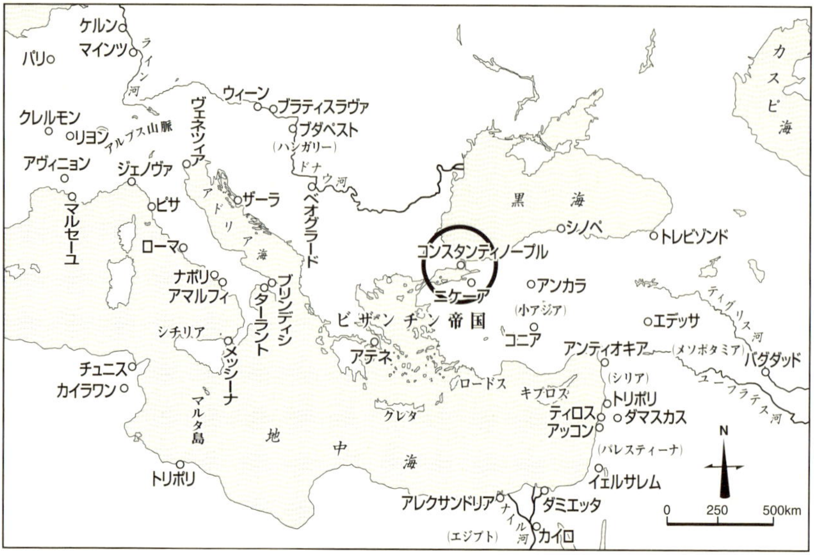


## 皇帝アレクシオス、親族の一人に絞め殺される

国家の弱体化は、外的要因よりもずっと高い割合で、内的な要因によるものである。言い換えれば、国内の混迷が国全体の力を弱めるのだ。ビザンチン帝国の統治階級の権力抗争はもはや伝統としてもよい水準に達していて、それが第四次十字軍に攻めて来られて火を噴いたのであった。

皇帝アレクシオス自身、父を牢に入れられ国を追われたのでヴェネツィアに助けを求めたのだ。それで帰国できたのだが、帰国したとたんに親族に殺されてしまう。東ローマ帝国とも呼ばれるビザンチン帝国は、誰かが本気で突けばたちまち崩れ落ちる状態になっていたのであった。

Jonnard

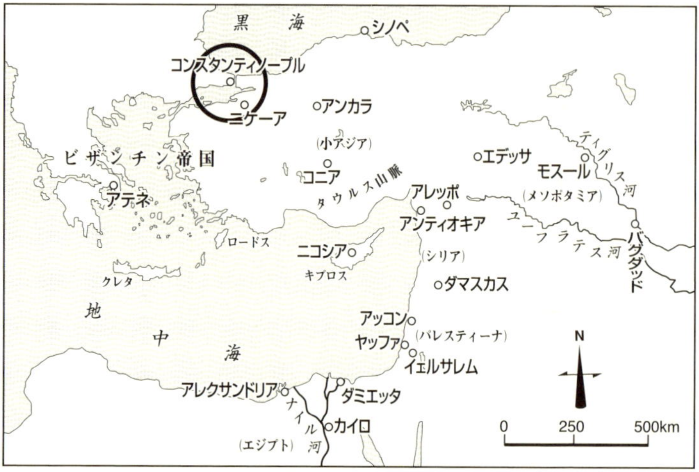


## ダンドロに講和を提案するムルズフルス

アレクシオスを殺して皇位を奪ったムルズフルスは、初めのうちは徹底抗戦のつもりでいた。だが、第四次十字軍による連日の攻撃は、この男に強気を持ちつづけさせるのを許さなかった。

今や皇帝になっているムルズフルスは、第四次十字軍の事実上の総帥であるダンドロに会談を求めた。一方は海辺に、他方は船の船首に立っての会談だったが、ヴェネツィアの元首ダンドロは講和を拒絶する。皇位を不当に奪った者との交渉は断わる、というのは建前で、本音では、この機に臨んではビザンチン帝国は滅亡させるしかない、と思っていたからだった。民衆に嫌われているムルズフルスを皇位に留めておいては、コンスタンティノープルの一般市民の支持を得られなくなるからである。

皇位簒奪者ムルズフルスは、その夜中に家族だけを連れて小アジアに逃げた。ビザンチン帝国の皇位は、こうして空位になったのである。

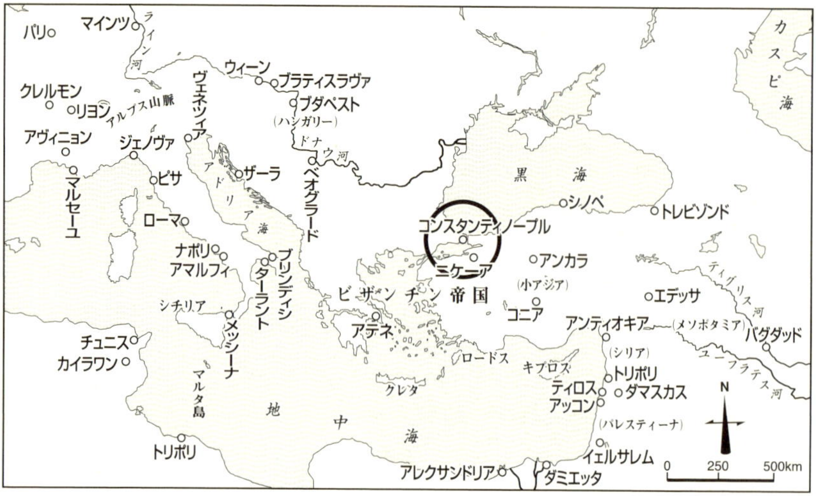


# 第四次十字軍、<br>コンスタンティノープルに入城する

1204年に行われた第四次十字軍のビザンチン帝国の首都への入城は、友好的に開けられた城門をくぐっての入城ではなく、軍事的に攻略したうえでの勝者としての入城である。ギリシア正教とカトリック教という教義上のちがいはあっても同じキリスト教徒ではないかと、現代ではこの十字軍を酷評する歴史研究者のほうが多い。当時でも相当に混乱はしたらしく、ローマ法王もダンドロを破門に処したが、まもなく解除している。参戦したフランスの諸侯たちへの、お咎《とが》めはなかった。

ビザンチン帝国はギリシア人の国だが、そのギリシア人は、ヨーロッパ人の別称であるラテン人を、野蛮人だとして嫌っていた。そのラテン人のカトリック教会と合同するなど真っ平、というわけだ。

ラテン人のほうは、ギリシア人を軽蔑していた。イスラム勢に押し寄せられても自分たちでは反抗もせず、西欧に助けを求めるしかできないではないか、と。

それに、これまでの十字軍でも、ビザンチンの皇帝がイスラム側に秘かに十字軍側の情報を流していることは、西欧では知られた事実になっていた。

13世紀初頭というこの時期、西欧のカトリック教徒たちがビザンチンのギリシア正教徒に感じていた想いは、現代で考えるよりはずっと複雑であったのだった。

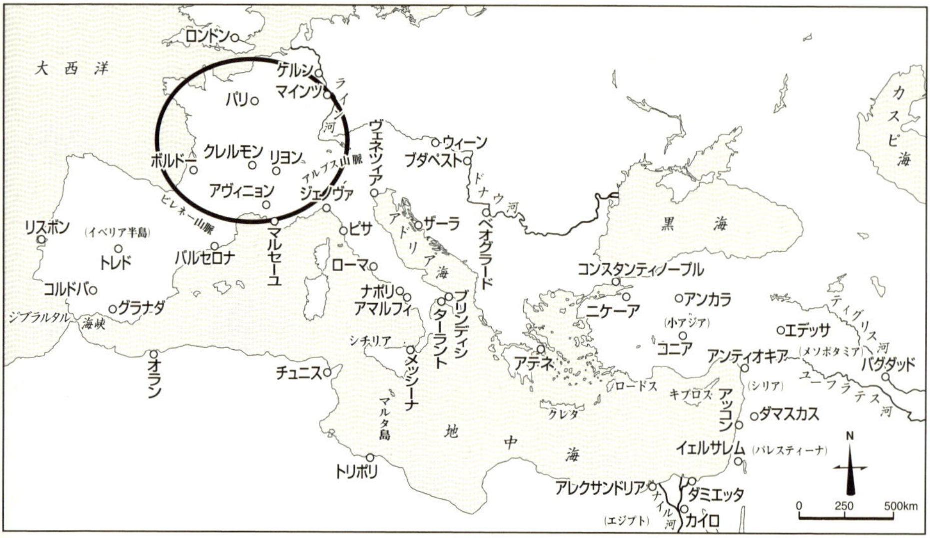


# 少年たちの十字軍

ビザンチン帝国が倒れ「ラテン帝国」に代わろうと、イェルサレムはあい変わらずイスラムの支配下にありつづけた。

聖都イェルサレムのこの悲運は、各地に大規模なカテドラルが互いに競うかのように建設される時代に入っていた西欧で、信者たちの心を締めつけずにはすまない苦しみになっていたのである。

その西欧で、第一次十字軍時代に似た民衆規模の聖都解放運動が、フランスとドイツを中心に広まる。その中の一つが、自然発生的に起ったという、少年少女たちによる十字軍だった。

しかし、親の手を振り切り南仏の港から船でパレスティーナに向うつもりでいた少年たちも、途中で行き倒れになったり欺《だま》されて売られたりして、散り散りになって終わる。

狂信のなせるわざ、と評する歴史家もいるが、王侯たちが動こうとしない現状への不満の噴出でもあったのだった。

Jonnard

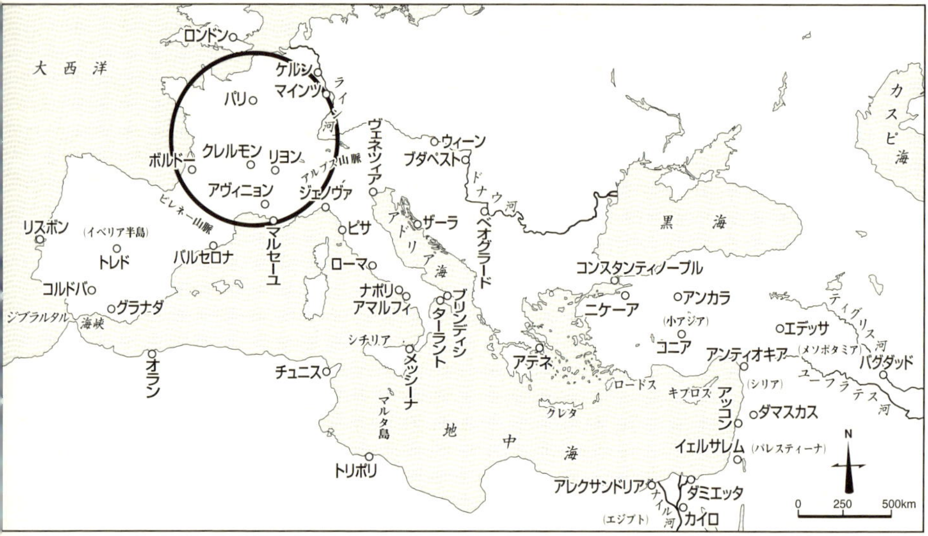


## 吟遊詩人の歌う、十字軍をテーマにした シャンソンに聴き入る人々

この時期、異教イスラムのくびきの下《もと》で苦しむ聖都イェルサレムの哀しみと嘆きや、その近くでがんばりつづけるオリエントのキリスト教徒の騎士たちを讃美したシャンソンが、フランスのみでなく西欧の全域で流行したという。

それらを録音したレコードを私も一枚もっているが、歌詞も曲も悪くない。13世紀に入った時代に生きたヨーロッパの多くの人たちは、これらの歌に聴き入り、遠いオリエントの地に想いを馳せていたのだろう。

G. Doré
Jonnard

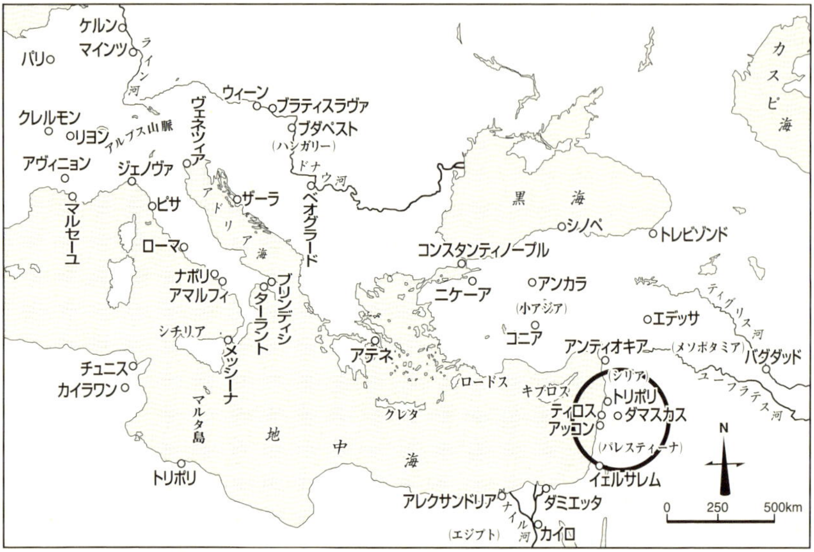


## 山の彼方から現われた十字架

オリエントのキリスト教徒の間でも、イェルサレムを今のままで放置しておくのは神が許されないという想いが広まり始めていた。

その時期、山の彼方から大きな光の十字架が現われたという噂が、たちまち人々の間に広まる。それを聴いた人はいちように、神が聖都の解放を望まれている証拠だと怖れおののくのだった。奇跡とは、人々の内なる願望の表われでもあるのだ。

西欧からの本格的な軍勢の派遣を待つよりはと、シリア・パレスティーナ地方に住むキリスト教徒を主体にした十字軍が、初めて編成されることになる。これが、十字軍では第五次になった。

G. Doré
PANNEMAKER - DOMS sc

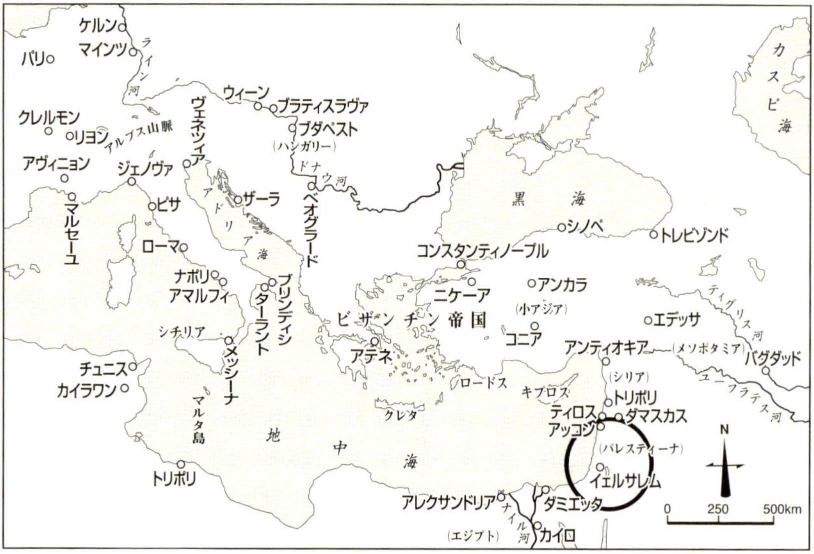


## ユダヤの山野を進む、第五次十字軍の戦士たち

第五次十字軍には、西欧の強国であるフランスからもドイツからもイギリスからも、王や諸侯の参加者はいなかった。オリエントに住むキリスト教徒たちで成った、十字軍であったからだ。

だが、この十字軍結成を伝え知ってヨーロッパから馳せ参じた、ハンガリーやポーランドやノルウェーからの騎士たちも参加していた。第五次十字軍は、金髪で青い眼で背もすらりと高い、いかにも白人然としたこれらのヨーロッパ人と、百年あまりにもわたって中近東に住みついている、キリスト教徒たちとの混成軍であったのだった。

Jonnard
G Doré

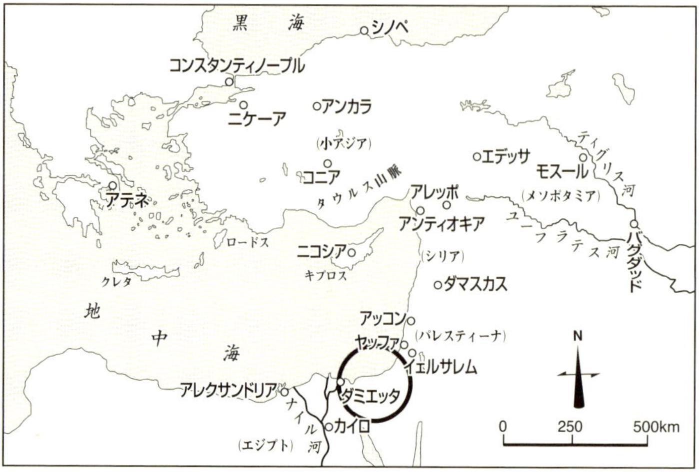


# イェルサレムへの道

聖都イェルサレムをイスラムの手から解き放つことが最大の目標であることでは、第五次十字軍に参加した人の全員が一致していたにちがいない。聖都の解放ならば、必らずや神も全力で味方してくれるにちがいないのだから。

だが、13世紀前半のこの時期、地中海に面した十字軍国家の東側に広がる中近東の内陸部は、アレッポもダマスカスも、エジプトのカイロにいるスルタンの支配下に入っていたのである。

それで、イェルサレムを奪還するにはエジプトのスルタンに打撃を与えるしかないとなり、第五次十字軍はエジプトに向ったのであった。

戦略としてならば正しかった。だがエジプトには、ナイルがあった。

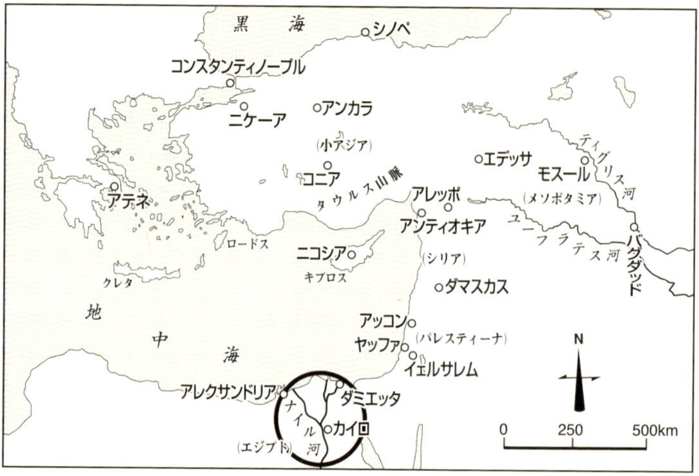


## 死に行く戦士たち

第五次十字軍が対決したのは、エジプト軍というよりもナイル河であったと言ってよい。

地中海に面してあるダミエッタの攻略までは簡単に成功した第五次十字軍だったが、そのダミエッタからカイロを目指したとたんに、ナイル河の怖ろしさを悟らせられることになった。

ナイルの下流一帯は、古代のギリシア人が「デルタ」と名づけたように広大な三角洲で成っており、その中に入るやいなや、縦横に走る運河や支流や沼地に足を取られることになりやすい。それにとまどっている一方で、国内に侵入されたエジプトのスルタンが送ったイスラム軍の攻撃に対さねばならなかった。

倒れる者が続出し、戦場には常に同行する聖職者たちにとっては、息を引きとる前の兵士たちの告解を聴き、神の許しを与えるだけの日々になってしまったのである。

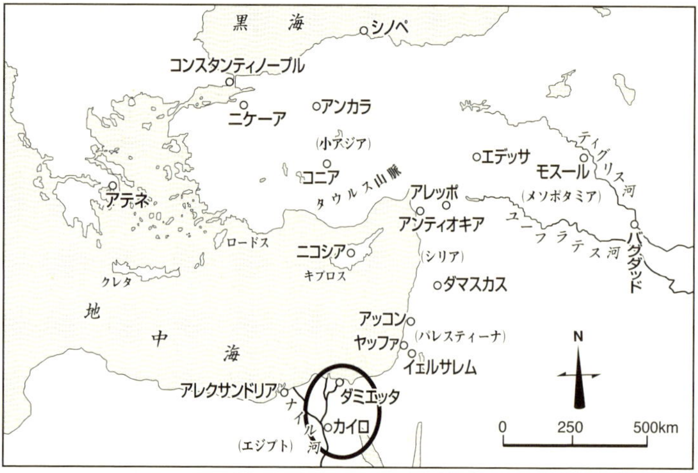


## 休戦の締結

　結局、第五次十字軍は、ナイル河に翻弄されたあげく、カイロには近づくこともできずに撤退することになった。

　スルタンとの間で休戦協定が結ばれたからだが、十字軍の兵士たちの無事撤退をかちとった代わりに、手中にしていたダミエッタは放棄する。

　こうして、聖都を再びキリストのものに、との想いから始まった第五次十字軍も、イェルサレムからは遠く離れたエジプトに向いながら失敗に終わる。十字軍を歌ったシャンソンは、あいも変わらず人々の胸を打ちつづけていたにかかわらず。

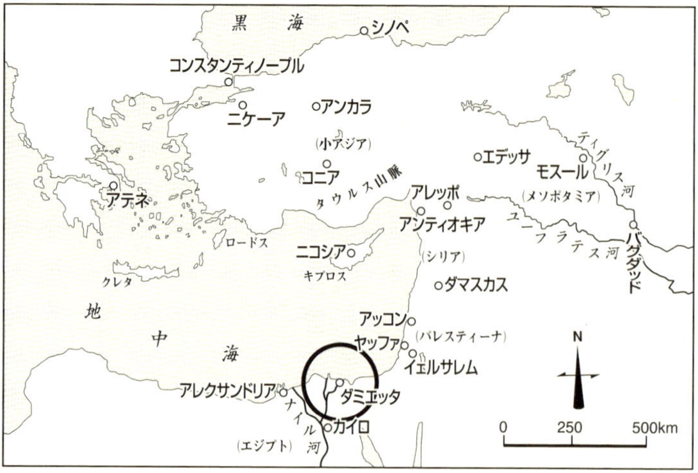


## スルタンの許を訪れた、アッシジの聖フランチェスコ

ダミエッタまでは攻略したもののその後は苦戦ばかりの第五次十字軍の陣営に、どのような経過でかわからないが、イタリア人の修道僧が現われた。そして、死に行く兵士たちに神の許しを与えるだけでは気が済まなかったのか、敵方の大将の陣屋を一人で訪れたのである。

あなたの心を平穏にするために神からつかわされた、と告げる修道僧にはスルタンも驚いたろうが、戦争をやめて平和を確立する道だとキリスト教への改宗を勧める若い僧に、周囲にいた人々のほうが激昂した。だが、スルタンは微笑しただけで、キリスト教軍の陣営に無事送り届けるよう命じたのであった。

死後に聖人に列せられるフランチェスコだが、このときの勧誘は失敗であったと悟ったようで、以後は二度と試みていない。しかし、21世紀の今でも、アッシジでは年に一度、世界中の宗教の代表が集まって平和を誓う催しが行われている。

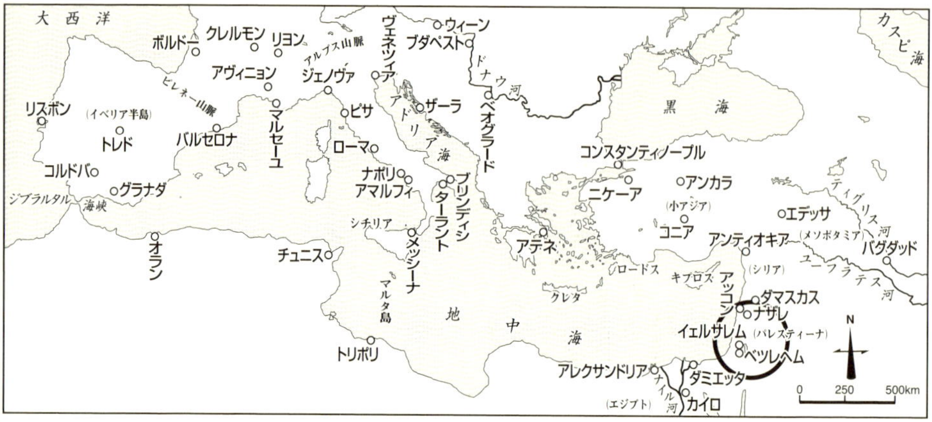


## 一人も殺さなかった十字軍

ミショーの著作である『十字軍の歴史』を百枚ものさし絵で飾ったのはギュスターヴ・ドレだが、その中で彼が一枚も描かなかったのが、神聖ローマ帝国皇帝フリードリッヒ二世による第六次十字軍である。ミショーのほうは相当に好意的な評価を与えているにかかわらず絵は一枚もないのは、啓蒙主義時代の人ミショーに比べれば、ドレのほうがよりキリスト教的なキリスト教徒であったのかもしれない。

なぜなら、フリードリッヒの率いた第六次だけは、血は一滴も流さないでいてかつ目的は達した十字軍だからである。エジプトのスルタンとの直接交渉で、つまり外交だけで、イェルサレムとナザレとベツレヘムという、キリスト教徒にとっての三大聖地の獲得に成功したのだ。そのうえ、十年と限ったにせよ、その間のキリスト・イスラム勢力間の不可侵条約まで締結した。聖地への巡礼は、誰にとっても自由になったのだ。キリスト教徒にとってだけでなく、イスラム教徒にとっても。

しかし、この第六次十字軍は、破門の身の皇帝が実施しイスラム教徒を一人も殺さなかったという理由で、ローマ法王は認めず、その法王を指導者と仰ぐ西欧のキリスト教徒たちの多くも認めなかった。この話の六百年後に生きたドレさえも、一枚も描かなかったのだから。

このフリードリッヒの容貌を伝える像も、ここに紹介するものしか遺されていない。それも、熱心なキリスト教徒の誰かが、のみか何かで執拗に壊した無惨な姿でしか。

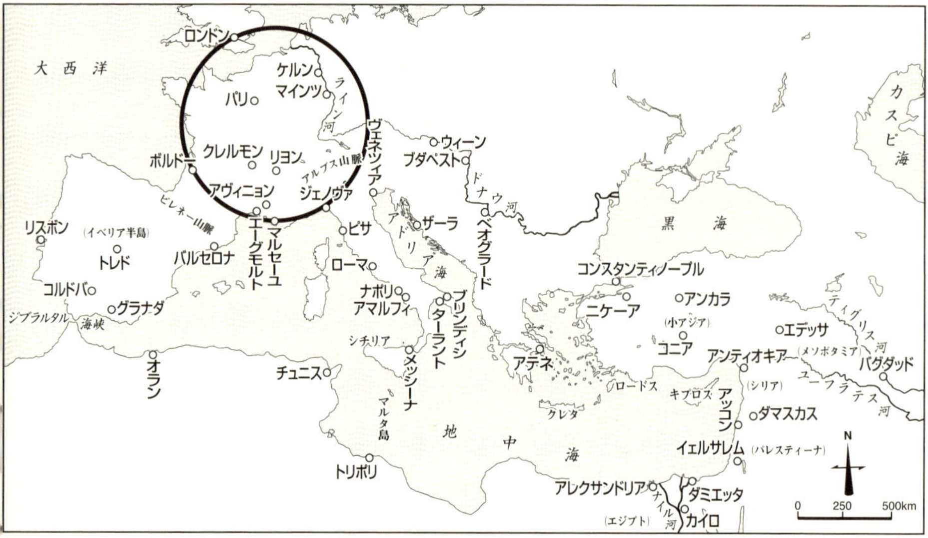


## 先祖の墓に、十字軍参加を誓う騎士たち

フリードリッヒと結んだ協定を、スルタンは守った。だが、その十年が過ぎた後のオリエントのキリスト教勢力は、協定以前の状態にもどってしまったのだ。それで、西欧のキリスト教世界では、やはり軍事力で制圧すべきとする考えが大勢を占めるようになる。第七次の十字軍が結成されることになった。

率いていくのは、フランスの王ルイ九世。十字軍の主流であったフランスが起《た》つからにはと、ヨーロッパ全域の王室や諸侯や騎士たちを結集した本格的な軍勢になる。

当時でも十字軍は、第一次から数えれば百五十年の歴史をもっていた。西欧の騎士で、十字軍に参加した先祖を持たない家はない、と言われるくらいに。ゆえにそれへの参加の誓いも、わざわざ司教のところに行ってする必要はなく、先祖の墓の前ですればよかったのだった。

H. PISAN

## 家族との別れ

出発を前に家族に別れを告げるのも、十字軍に参加する者に課された儀式の一つなのである。

なぜならそれは、単なる家族への別れではなく、死した息子イエスをいだく聖母マリアの像の前で行われることによって、異教徒からの聖地解放を、聖母マリアにも誓うことになるからだ。中世は、聖母信仰が盛んになり広まった時代でもあった。

## 祝福

十字軍参加を誓って東方に向って発つ戦士たちに神の祝福を与えるのは、司教や司祭にとっては重要な仕事だった。

十字軍の参加者とは、「神が望んでおられる」ことを実施する「神の戦士」なのである。その人々による「聖なる遠征」には、ローマ教会に属す聖職者たちの与える祝福は欠かせなかった。

それを欠いていたからこそ、皇帝フリードリッヒの十字軍は、あげた成果には関係なく「聖なる遠征」とは見なされなかったのである。

言い換えれば、十字軍には必らず、ローマ法王の〝おすみつき〟が必要だったというわけだ。フランス王ルイの率いる第七次十字軍は、その面では完璧だった。

## 歌に送られながら、故郷を後にする戦士たち

ヨーロッパの全域から、第七次十字軍に参加する人々が、集結地に決まった南仏のエーグモルト目指して集まり始めていた。

いかに「聖なる遠征」に向うのだと言われても、送り出す側にとっては、喜びよりも哀しみのほうが深かったにちがいない。表面に出すことははばかられ、胸の内に秘めておくしかなかったとしても。

この時期に流行した十字軍を歌ったシャンソンには、哀愁をおびた歌が多いのである。

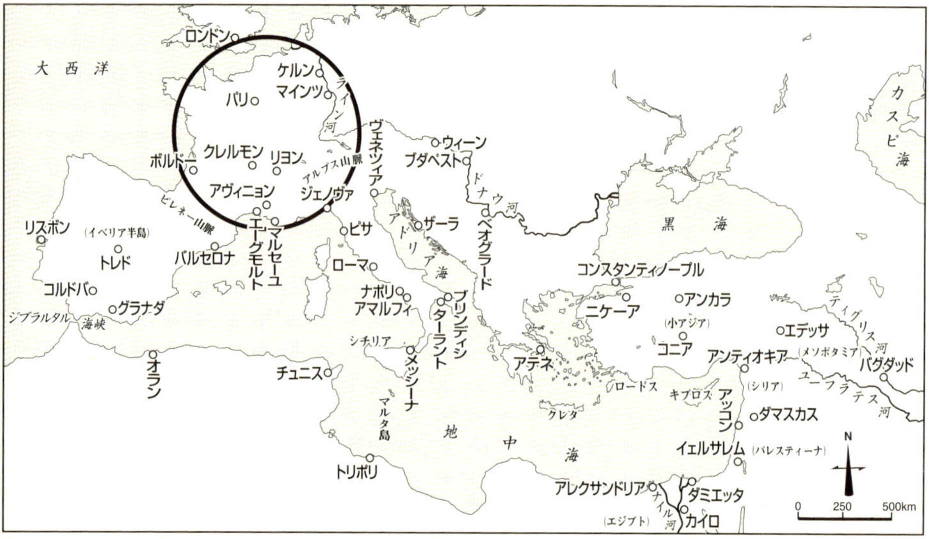


## 出陣

去って行く夫や兄弟の身を案ずる妻や姉妹や子供たちにできたことは、神にすがることだった。西ヨーロッパの多くの地方で、この絵のような光景がくり返されたのにちがいない。この想いならば、フランス人もドイツ人もイギリス人も、変わりはなかったと想像する。

喜んで送り出す、ことができるのは、神のみに一生を捧げたキリスト教会の聖職者たちか、俗界の人間でも、発つ者とは血縁のない人々であったろう。

G. Doré
Jonnard

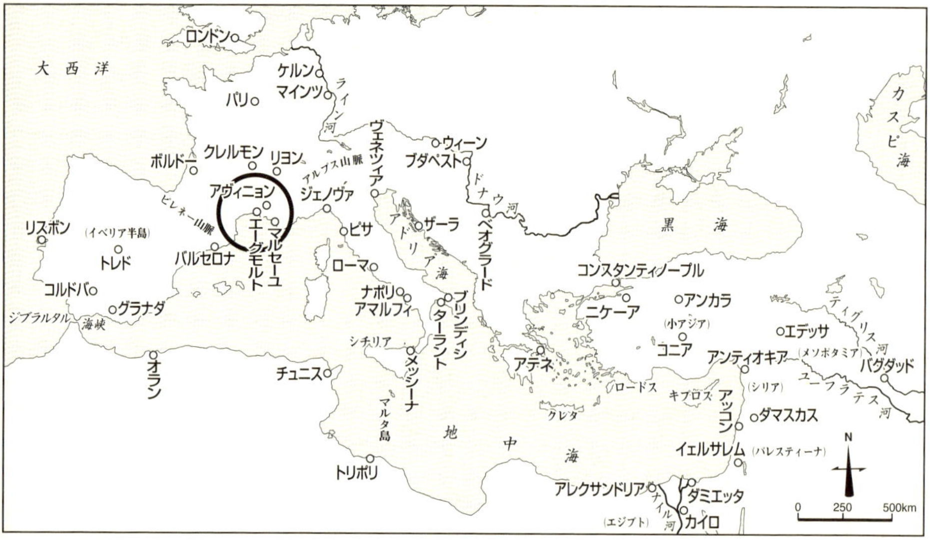


# 第七次十字軍の出発

ドレは、この第七次十字軍には数多くの絵を捧げている。それは、第一次に次いでこの第七次の十字軍が、西欧のキリスト教徒の涙を最も多く流させたからだろう。

十字軍史の公用語はフランス語であることが示すように、十字軍の主力はフランス人が占めてきた。そのフランスの王ルイが、自ら率いて行くのである。西欧でもオリエントのキリスト教徒の間でも、大きな期待が寄せられたのも当然であった。

しかし、フランスには海運の伝統はない。ということは、港も船も自前のものは少ないということである。それで、南仏のエーグモルトを大改造して港にし、船も、すでに多くの大型船を所有しているイタリアの海洋都市国家のジェノヴァに、頼っての出港となった。

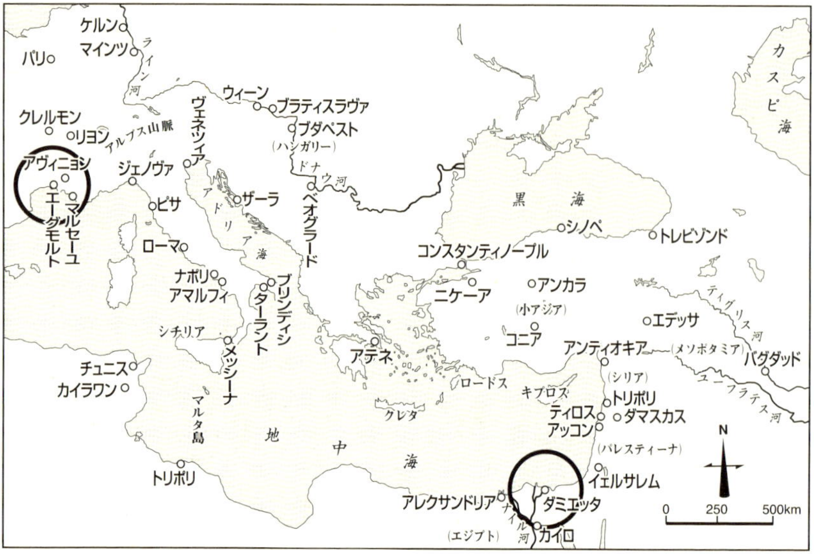


## フランス王ルイ、エジプトの地に降り立つ

第七次十字軍が目標にしたのも、三十年前の第五次と同じく、エジプトのスルタンに打撃を与えることで、シリア・パレスティーナへのエジプトの影響力を弱めることにあった。

戦略としてならば正しい。だが、その同じ地に三十年後に立ったルイは、ナイル河の怖ろしさを知っていたのであろうか。

しかし、フランス王率いる第七次十字軍は、皇帝フリードリッヒの第六次とは完全にちがって、ローマ法王が正式に認めた「聖なる遠征」なのである。神が全面的に守ってくれるはずであり、またルイ自身も、熱心で敬虔《けいけん》な信者として知られていた。

G. Doré
A. Doms. Sc.

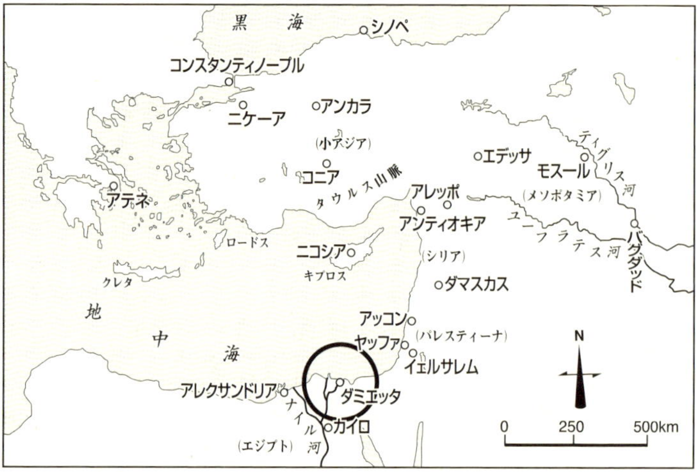


## 勝利の後で教会に入り、
## 神に感謝の祈りを捧げる十字軍の戦士たち

上陸した地であるダミエッタの攻略までは、簡単に終わった。オリエントの十字軍諸国からかき集めた第五次十字軍でも成功したのだから、西欧から鳴りもの入りでくり出した第七次の十字軍ができないはずはなかったのである。それは、ダミエッタが地中海に面していたために、海上からの補給が容易であったからだった。

しかしダミエッタは、立派にエジプト領であり、イスラム教徒の住む都市である。おとなしく城門を開けるわけがなく、迎え撃つエジプト兵を殺すことで実現できた攻略だ。攻略終了後に十字軍がした最初のことは、残っていた教会に入り、全員で「テ・デウム」を唱和し、神に感謝を捧げたことであった。

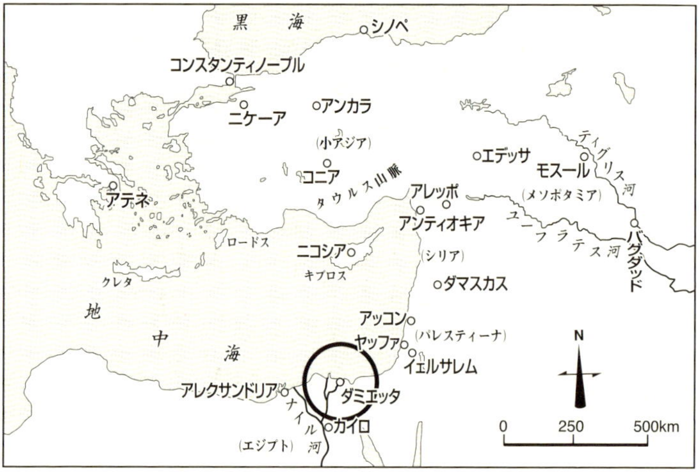


## 総督の斬られた首を示され、驚き悲しむハレムの女たち

ダミエッタの攻略は、イスラム教徒の血を大量に流すことで実現した。異教徒イスラムを殺して初めて聖戦である十字軍になると、中世の信心深いキリスト教徒は信じて疑わなかったのである。

この時代、皇帝フリードリッヒのようなキリスト教徒は、いまだ完全な少数派であった。

Jonnard

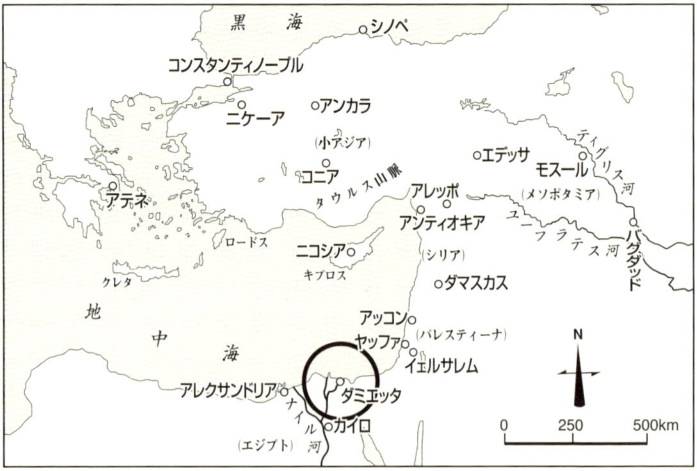


## 洗礼を受ける、イスラム教徒たち

選民思想のユダヤ教とちがって、キリスト教は、異教徒への布教を重要視するために、イスラム教からの改宗も重要視している。たとえそれが、絶望から出たものであっても強制されてのことであっても、誤った信仰を捨て正しい信仰に目覚めることは、歓迎さるべき現象とされていたのである。落城後のダミエッタでも、イスラムからキリスト教への改宗希望者に洗礼を与えるのに、十字軍に同行していた聖職者たちは忙しかった。

しかし、二百年におよぶ十字軍の全歴史では、イスラムからキリスト教に改宗する者よりも、キリスト教からイスラム教徒になる者のほうが多かったとは、研究者の多くが言っていることだ。理由は簡単で、敵側の捕虜になった者の数ならば、イスラム側よりもキリスト教側のほうが多かったからであった。

G. Doré
Jonnard

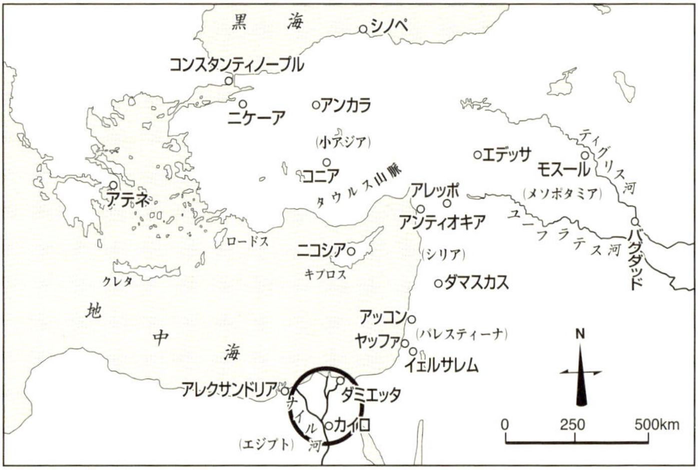


## 救援に現われた味方の船団に、狂喜する十字軍

ダミエッタを手中にするまでは好調だった第七次十字軍も、それを後にカイロに向って進軍するようになるや、不祥事が続発するようになった。

ナイルは、一本のままで海にそそぎこむ河ではない。下流は、広大な三角洲（デルタ）を形成していて、そこを流れる運河や支流は、日毎に水の流れが変わる。そのたびに、昨日までは陸地であったところが朝になると、一面の沼地に変わっていたりする。

迎え撃つ側のエジプト軍はこの地勢を熟知しているが、大規模なデルタなど存在しない北ヨーロッパから来た者が、補給を断たれて立ち往生するのも当然だった。

ジェノヴァの船乗りとて、ナイルに慣れていないことでは同じなのだが、船乗りの技《わざ》ならば優れている。彼らによる補給がなければ、第七次十字軍の運命はもっと早くに決まっていたかもしれなかった。

Jonnard

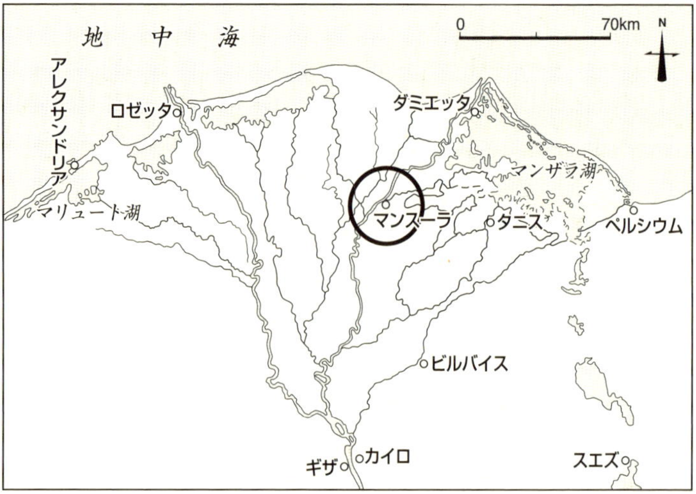


## 河沿いで、
## アルトワ伯やソールスベリー伯らの戦士たちの
## 亡骸を引き上げる十字軍

アルトワ伯はフランス王ルイの弟であり、ソールスベリー伯も、この十字軍に参加したイギリス人の中では高い地位にいた貴族である。フランス王が率いる本隊に対しこの二人が率いていたのは先行隊だったが、それが、ダミエッタとカイロの中間に位置するマンスーラの城塞都市を攻撃中に、完膚《かんぷ》なきまでの敗北を喫したのであった。市街戦を闘わざるをえなくなり、エジプト軍と住民の両方に追いこまれて全滅したのである。

マンスーラも、ナイル河に沿う町だ。勝ったイスラム人たちは、倒れた十字軍の兵士たちの死骸をすべてナイルに投げこんだ。

それを、下流にいて引き上げたので、ようやく「殉教者」たちの埋葬だけはできたのである。

H. PISAN

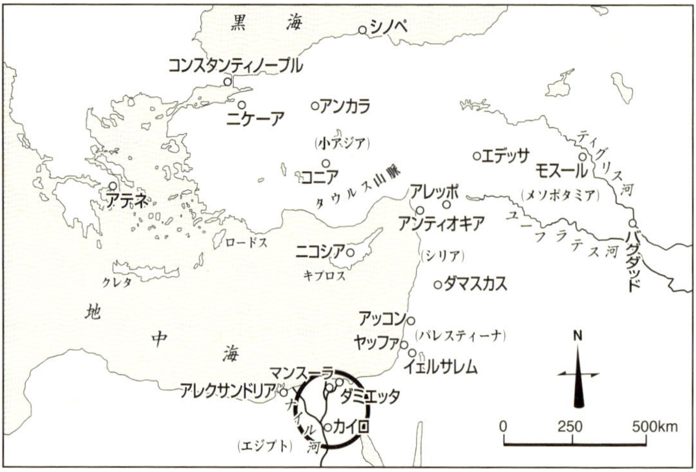


## 敵の手に落ちた、フランス王ルイ

マンスーラまで進んだところで大敗を喫してしまった第七次十字軍は、カイロへの進撃は断念して後もどりすることになった。ところがその撤退中に敵の攻撃を受け、それをかわせずに王までが捕虜になる。王だけが捕われたのではなく、もう一人の王弟も、そしてキラ星の如くという感じで参戦していた貴族たちまでが敵の手中に落ちたのだから、代わって指揮をとる者は誰もいないという事態になった。

フランスの王は、西欧キリスト教世界では一、二を争う権力者だ。その王と王の周辺の全員を捕えたのだから、イスラム世界が狂喜したのも当然だった。

エジプトのスルタンは、これら高位の捕虜たちを、総督の邸内に客人でもあるかのように収容する。だが、この人々の監視役には、イスラム社会ではハレムの管理が仕事の宦官《かんがん》(去勢された奴隷)を当たらせたのであった。

QUESNEL

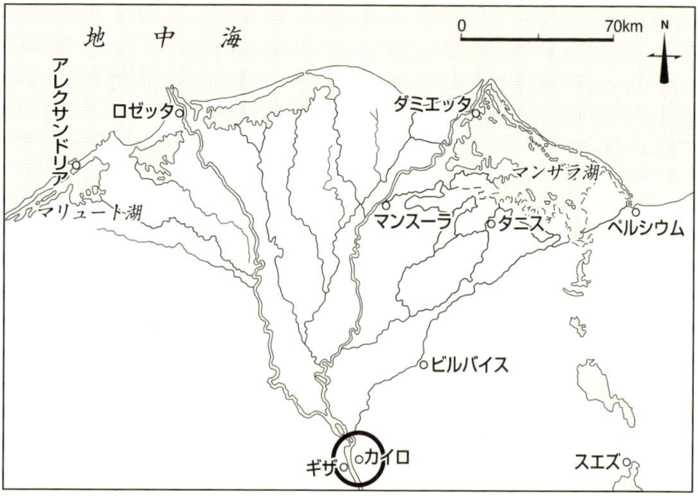


## カイロに連行される、第七次十字軍の戦士たち

敵の前からの撤退行は、軍事的には最もむずかしい。そのうえ第七次十字軍は、これを指揮できる立場にいた人々までも捕虜にされていた。彼らの部下にあたる騎士たちも、そのほとんどが捕われの身に落ちたのも当然だ。この人々の数があまりにも多く、激闘で破壊されたマンスーラの町では収容しきれず、カイロまで連行されたのであった。

G. Doré

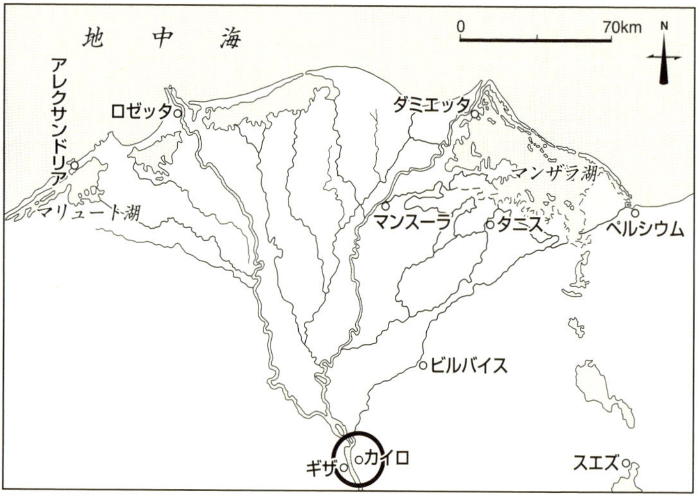


## エジプトで、捕囚生活を送る騎士たち

王や王弟やフランス宮廷の高官たちは、同じく捕囚の身でもその身分にふさわしい場所に収容されていたが、それ以外の人々となると、多勢の人間を収容できる場所ならばどこにでも投げこまれていたという。なにしろ数からして多く、二万を越える人数であったのだから。

十字軍には必らず同行するのが聖職者だったが、それまでのこの人々の仕事は、出陣前の戦士たちを激励したり、死に行く者には神の許しを与えることであったのだ。それがここエジプトでは、不安に苦しむ捕虜たちに心の平安を説くのが仕事になった。

G. Doré
A. Doms. Sc.

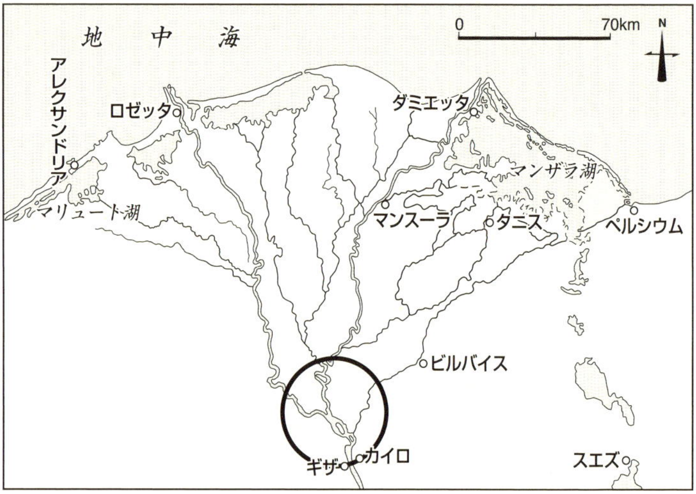


## スルタン・アルモアダムの死

宗教には関係なく人間世界では、敗れて仲間割れするだけでなく、勝っても仲間割れする例が少なくない。この時期のエジプトでもそれが起った。

だがこの状況の変化が、第七次十字軍には幸いしたのである。莫大な額の身代金は払うという約束はしたにしろ、王と王弟と諸侯たちの釈放は実現する。と言っても王には、残された捕虜たちの身代金を調達して送るという、条件づきの釈放ではあったのだが。

その交渉相手であったスルタンの殺害は、この人々が迎えに来たジェノヴァ船で発とうとしていた面前で行われたのである。ジェノヴァの船乗りたちは、邪魔が入らないうちにと急ぎ出帆したのはもちろんだ。勝っていながらその活用を知らないという点では、イスラム教徒もキリスト教徒も似た者同士であったのだった。

G. Doré
QUESNEL

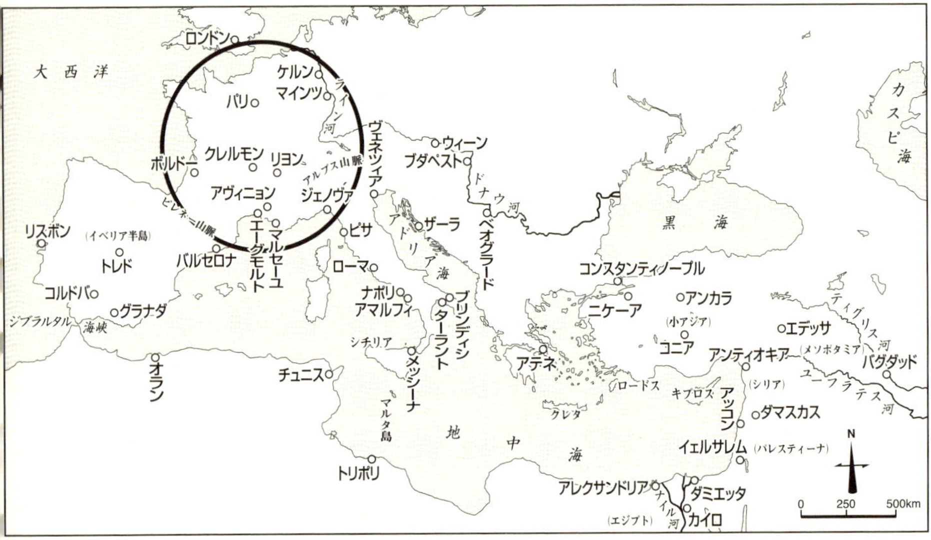


## 哀しき知らせ

前例のない惨事に終わった第七次十字軍に関する知らせは、主人である騎士たちが捕虜になって身の処し方に困った従者の幾人かが、ジェノヴァの船に乗せてもらってフランスにたどり着き、主人の家族に告げたのが最初になる。

公式に正確な情報を伝えようにも、それができる人々の全員が捕虜になってしまっていたからである。

だがこうして、第七次十字軍の結果は、上からではなく下からヨーロッパ中に、伝わったのであった。

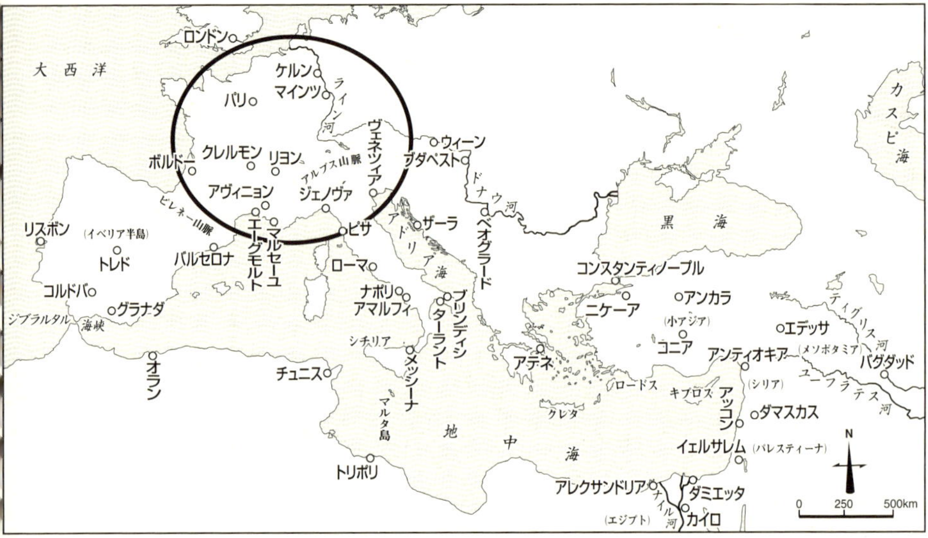


## 帰って来た十字軍

その後少しずつ、捕われずに逃げのびた騎士たちが帰国し始めた。つづいて、王弟アンジュー伯と諸侯も帰国し始める。

この人々の帰国で初めて西欧は、惨憺たる結果に終わった第七次十字軍の全容を知ることができたのだった。

自由を回復していたにかかわらず、この時点で王が帰国していないのは、身代金の支払いが完了していなかったからである。戦争のやり方にはまったく無知というしかないルイ九世だが、人格的には高潔で、部下たちが自由になるのを見るまではパレスティーナから離れないと言ったという、男ではあったのだった。

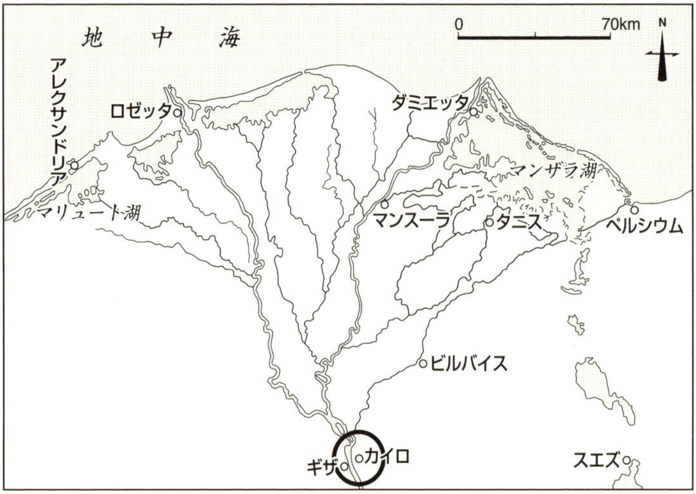


## 女のスルタン

第七次十字軍の惨憺たる結果に呆然としていたのは西欧だが、同じキリスト教徒でもシリア・パレスティーナの人々に与えた影響は深刻で、町を守る城壁の向うに敵を見る恐怖にふるえていたのである。

その人々がひとまずにしろ息をつけたのは、すでに始まっていたエジプトの支配者間の抗争だった。女の地位が低いイスラム社会なのに、ハレムの女であった人がスルタンにまでなったのが、この時期のエジプト内の混迷を示している。

しかし、衰退期に入った国の混迷は致命傷になっても、勝った国ならば新しい力を産み出す契機になりえる。中近東最強のイスラム国エジプトの支配は、サラディンから始まったアイユーヴ朝からマムルーク朝に移行しつつあったのだった。「奴隷王朝」と呼ばれるだけに、奴隷出身の軍人たちで作りあげたのがマムルーク朝である。

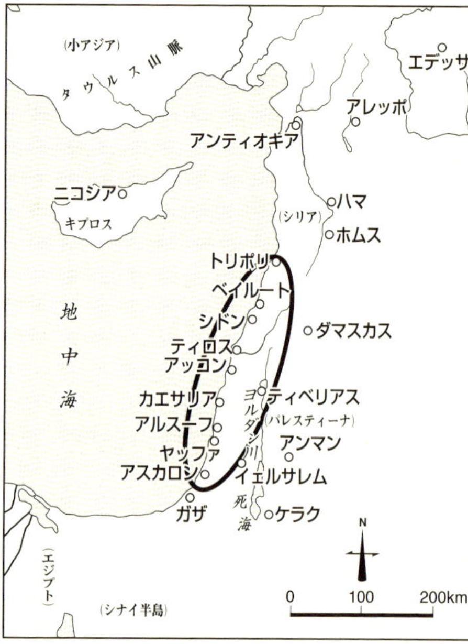


## スルタン・リバルスによる暴虐

降伏の条件としての助命の約束は守ったのはアイユーヴ朝のスルタンだったが、マムルーク朝のスルタンたちは、それを平然と破るようになる。とはいえこれも、先例をつくったのはリチャード獅子心王ではあったのだが。

しかし、シリア・パレスティーナの海沿いに連なる十字軍諸都市に対し、マムルーク朝のスルタンたちがこうも強硬な態度をとるようになったのも、第七次の十字軍の失敗で、西欧からの援軍はもはや来ない、と彼らが見たからである。

この状況下で、キリスト教徒たちが二百年かけて築いてきた都市も城塞も農産地も、次々とイスラムの支配に屈していった。とはいえこれも、イスラムの側にしてみれば、奪われていた土地を奪い返した、にすぎなかったのである。

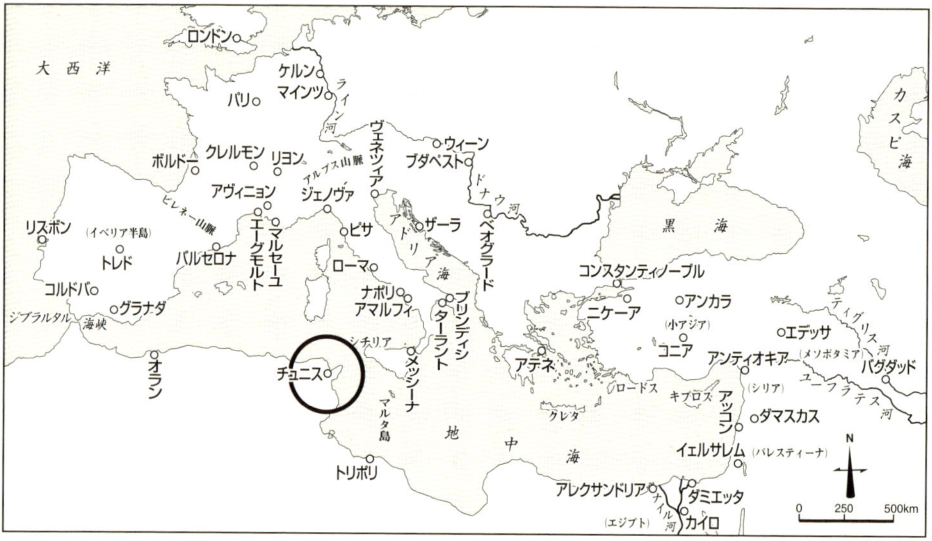


## 「聖《サン》ルイ」の死

オリエントからもたらされる聖地パレスティーナの窮状に、信心深いフランス王ルイ九世は再び十字軍遠征を決意した。第八次十字軍の結成である。

上陸地はチュニジア。この地のイスラム勢を撃破した後で、陸伝いにエジプトに向うという目標を立てる。強国フランスの王が自ら率いる十字軍とて、西欧各地の王族がこぞって参加する、第七次にも劣らない華やかな軍勢になった。出発地も、前回と同じく南仏のエーグモルト。もちろん、ローマ法王がおすみつきを与えた正式な十字軍である。

しかし、この十字軍は、上陸後しばらくして起った王の死を機に、王弟とチュニスの総督の間で結ばれた協定によって、十字軍側が自主的に撤退するという、あっけない終わり方をする。だがこれが、西欧からイスラム世界に進攻するという形の十字軍としては最後になった。

このルイ九世は、その後聖人に列せられ、「聖《サン》ルイ」と呼ばれるようになる。

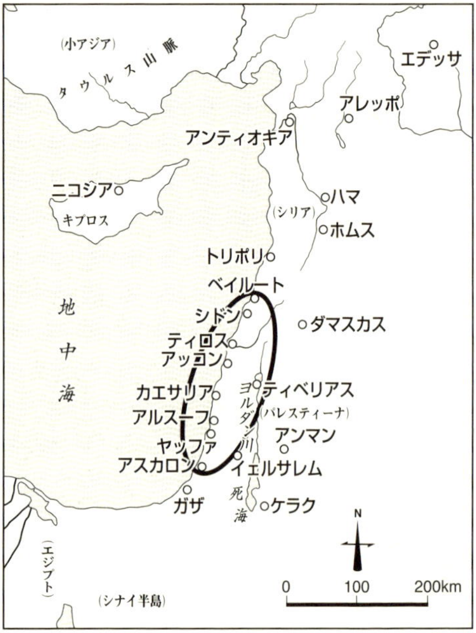


## 絶望的な闘いに起《た》つ人々

第八次十字軍も失敗に終わり、もはや西欧からの援軍は期待できなくなった後も、パレスティーナの十字軍勢力は闘いをやめなかった。やめたくてもやめられない状態にあった、と言うべきかもしれない。

この人々は、十字軍や巡礼などで来て定着した人たちで、二百年も過ぎればこの土地が自分たちの地になっていて、帰る国も土地もなかったからである。

また、イスラム教徒から聖地を守る目的で創設されたテンプル、聖ヨハネ、チュートンの三大宗教騎士団の団員たちは、西欧に帰ろうものならば存在理由を失う。

この人々が、猛攻をしかけてくるマムルーク朝のイスラム軍に、絶望的な闘いに起《た》ったキリスト教徒なのであった。

Jonnard

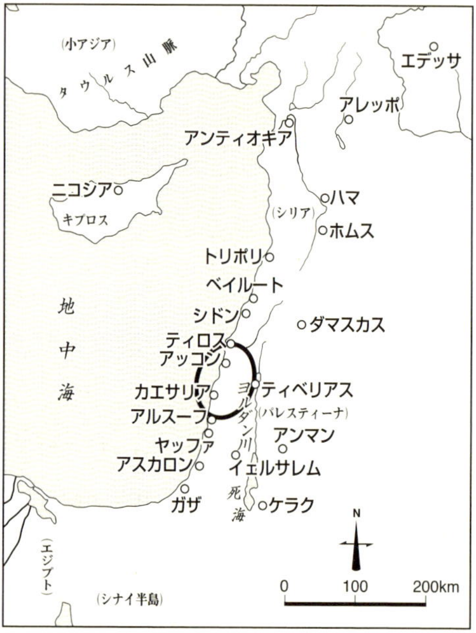


## 戦地に留まりつづけた聖職者

西欧の王侯たちは見放しても、十字軍の提唱者であっただけにキリスト教会は、パレスティーナのキリスト教徒たちのそばに居つづけた。

と言っても、イェルサレムはもはやイスラム下になっていて入れない。イェルサレムの総主教さえ、今ではキリスト教側に唯一残されたアッコンに常駐し、その位も名だけになっていた。修道僧ならば必らず同行していたイスラム軍との戦闘も、負け戦《いくさ》ばかりになる。イスラム教徒が豪語したという、「キリスト教徒の最後の一人まで、地中海に突き落としてやる」も、現実のものになりつつあった。

G. Doré
H. PisAN

## 異教の地に置き去りにされた、聖墳墓教会

それもすべては、西暦1291年に終わりを告げた。オリエントのキリスト教徒たちが最後にこもった都市アッコンが、壮絶な攻防の末に陥落したからである。第一次十字軍から、二百年が過ぎていた。

ギュスターヴ・ドレは、このアッコンの陥落時の阿鼻《あび》叫喚《きようかん》を描いていない。キリスト教徒にとっては、深い哀しみなしには思い出せないことだからであろうか。

その代わり、キリスト教徒が去った後に残された、キリストの墓の上に建てられたということで信者にとっては最高の聖地である、聖墳墓教会を描くだけにしている。この彼の想いはおそらく、キリスト教徒の多くの感ずる想いと共通していたのにちがいない。

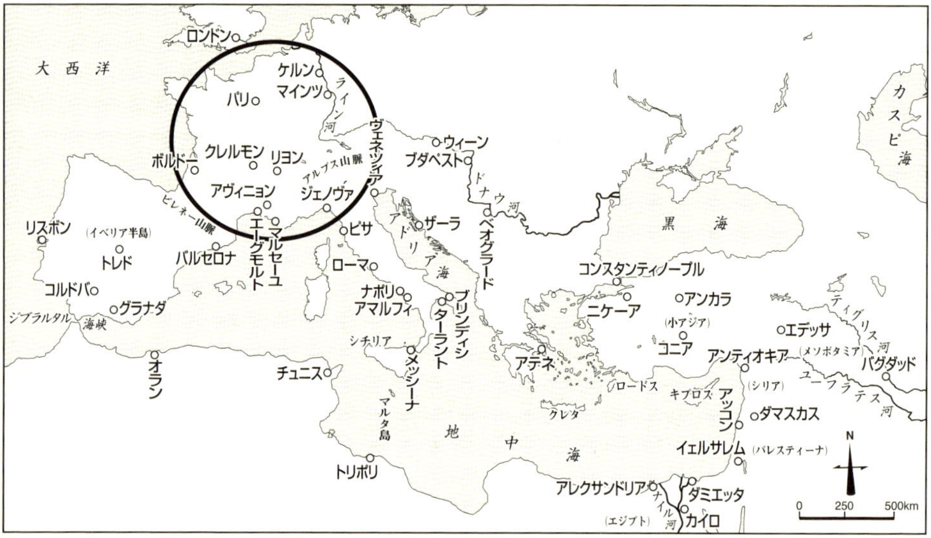


## 死者たちへの追悼

第一次十字軍が成功して以来二百年にわたって、その間に曲折はあったにせよ存続はしてきた十字軍国家の消滅は、西欧中の人々に深い哀しみを与えずにはおかなかった。

信心深いキリスト教徒にすれば、主イエスの足跡をたどる巡礼行も不可能になり、それによって与えられる免罪にも手がとどかなくなるという、哀しみと怖れから自由になれなくなってしまったのである。

ローマ法王庁も、何らかの対策を迫られる。それで、ローマに巡礼してもイェルサレムに巡礼すると同じ神の許しが得られる、と決めたのであった。

これが、現代に至るまでその年になるとローマへの巡礼が激増する、「聖年」(ジュビレオ)の始まりである。十字軍国家の消滅は 1291 年、最初の「聖年」は 1300 年であった。

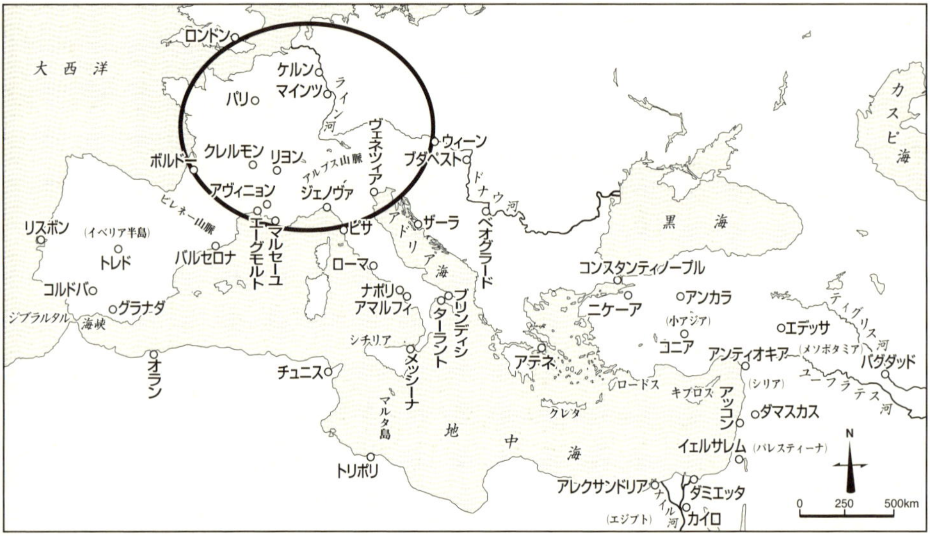


## 帰郷した老兵士の物語に、聴き入る子供たち

オリエントの十字軍国家が消滅した以後のヨーロッパの人々に、その栄光と悲惨を伝えるのは、今では老いたかつての十字軍兵士たちが物語る、懐古談だけになってしまった。

だが、この人々の話に聴き入るのは女や子供だけで、大人たちの関心は薄れていく一方になっていたのである。

G. Doré
Jonnard

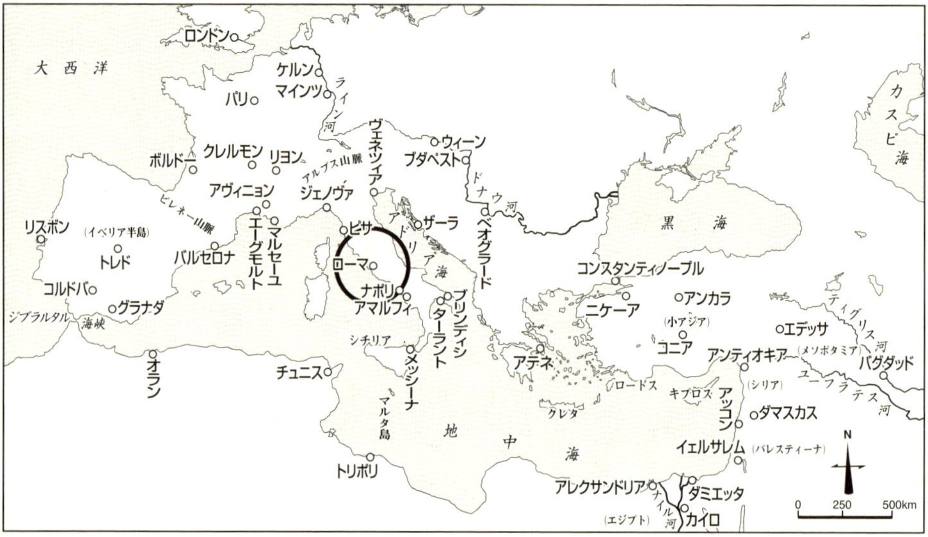


## 法王に、オリエント地方の地図を贈る、旅行家のサヌード

この法王ヨハネス二十二世は、1300年前半の法王の一人である。十字軍国家が消滅してもしばらくは、キリスト教徒たちはオリエントにもどる夢を捨てきれなかったのだった。

だが、ローマ法王の力も弱くなっていた。また、西欧各国はヨーロッパ内で力をつけ始めていたので、権力者たちも十字軍には関心をもたなくなっていたのである。

しかし、オチデント（西方）とオリエント（東方）の交流が、この時期途絶えていたのではまったくない。宗教も軍事も効力を失っていたが、かえってそれゆえに経済が主流になっていたからだ。

その中でもとくにヴェネツィア人の経済感覚は抜群で、巡礼行でさえも、かつて私が『海の都の物語』の中で苦笑しながら名づけた、「聖地巡礼パック旅行」としてビジネス化したのだった。

だが、こうしてオチデントは、ルネサンス時代に入っていくのである。

G. Doré
Jonnard

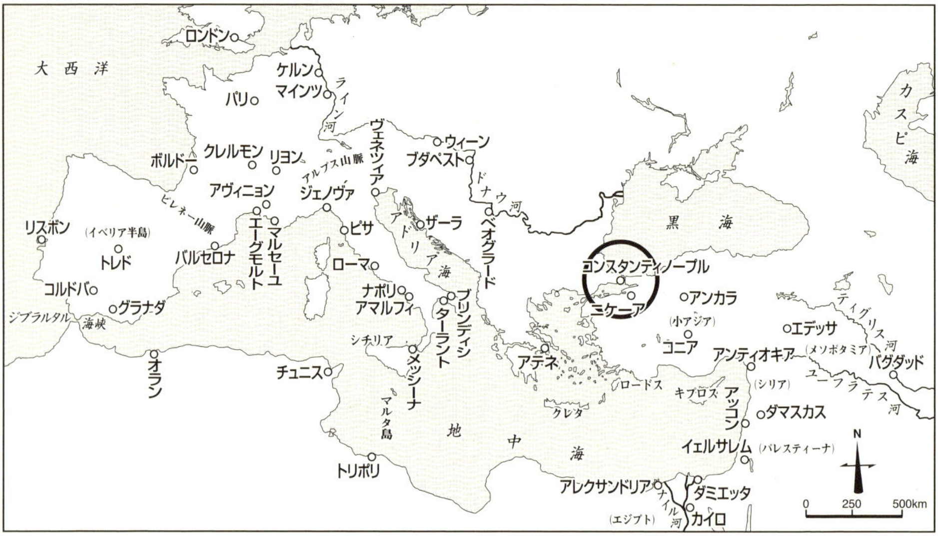


## 皇帝パレオロガス、<br>トルコ軍に対して徹底抗戦を説く

西暦1453年、それまではひたひたと迫る感じであったオスマン・トルコが、時至れりと思ったのか、ビザンチン帝国の滅亡を期して大軍で攻めてきたのである。史上有名な、コンスタンティノープルの攻防戦が始まったのであった。

当時のコンスタンティノープルは自由交易都市でもあったので、あらゆる国の人々が住んでいた。しかし、攻めてくるのは、もはやイスラム世界の盟主になったトルコのスルタンである。アラブ人やトルコ人は立ち去るほうを選んだので、留まって闘うと決めたのはキリスト教徒だけになった。

ビザンチン帝国の首都コンスタンティノープルは、当時では最も堅固と評判だった、有名な三重の城壁で守られていたのである。

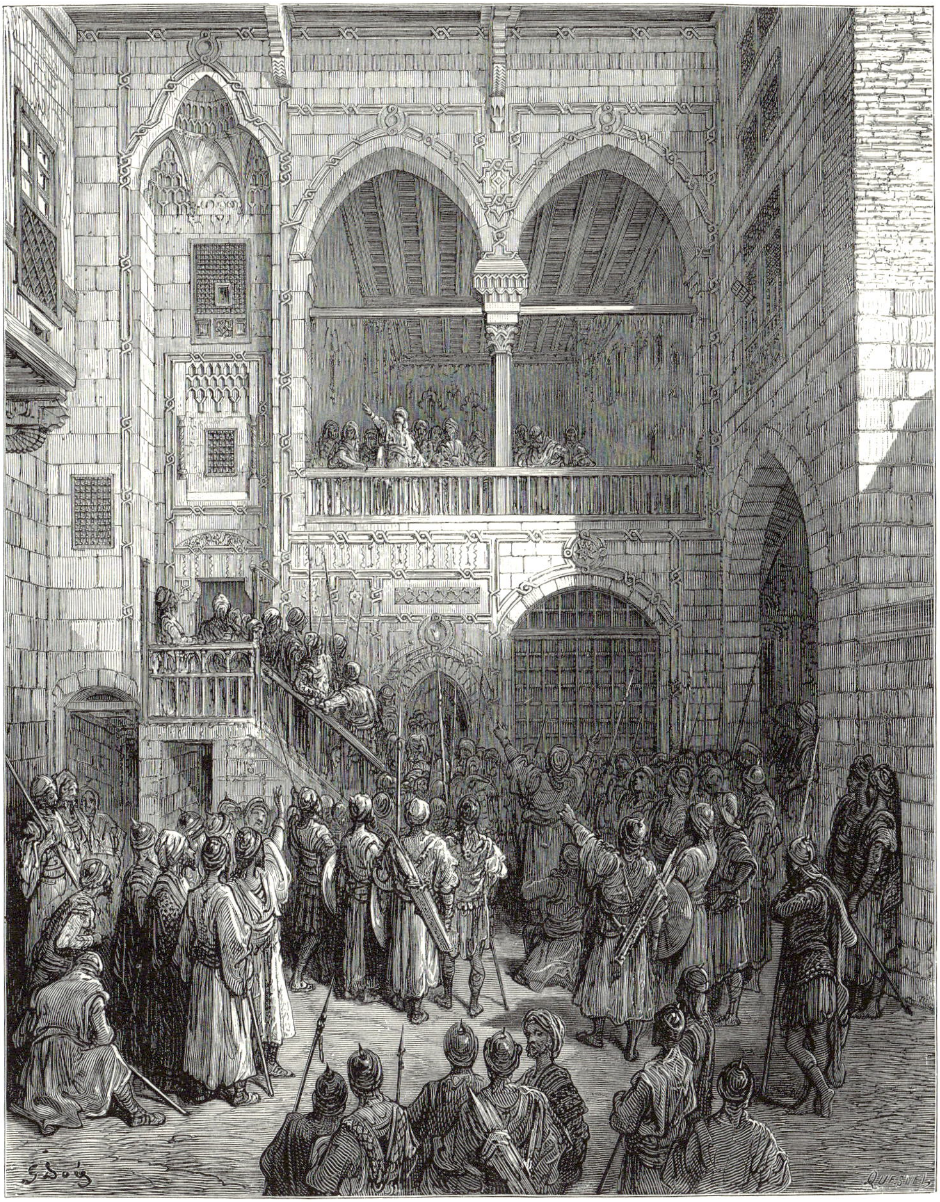
G. Doré
QUESNEL

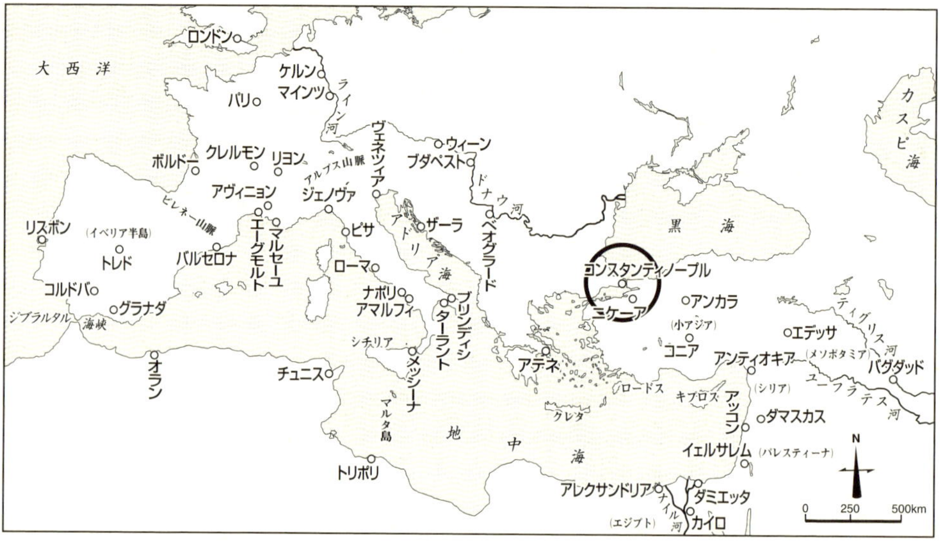


## コンスタンティノープルを前に、<br>味方を激励するマホメッド二世

キリスト教世界と対決したイスラム側の英雄となれば、先にサラディン、次いではこのマホメッド二世になる。

弱冠二十歳のスルタンは、コンスタンティノープルを落としビザンチン帝国を滅亡させると固く決め、コンスタンティノープル攻防戦には、十六万もの大軍を投入していた。

しかし、これほどの大軍よりもビザンチンの首都の陥落に効あったのは、それまでは誰も見たことのない大砲だった。発明したのはハンガリー生れのキリスト教徒だが、ビザンチン側に売りこんで相手にされなかったのを、マホメッド二世が眼をつけたのだ。巨大な砲口から発する大石弾は、三重の城壁さえも破壊したのであった。

ビザンチン帝国最後の皇帝は、乱入してきた敵兵の中に斬りこんで、壮烈な戦死をとげるのである。

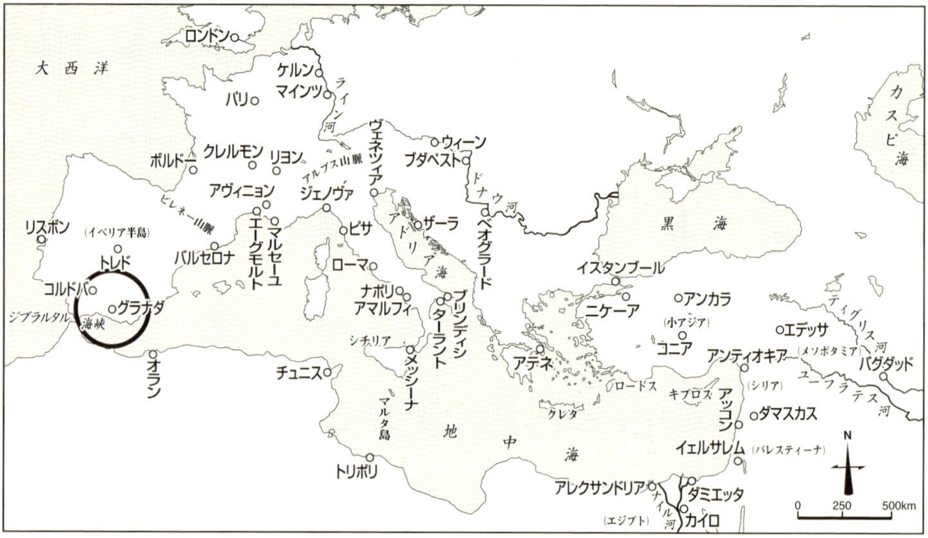


## ムーア人の最後の王、グラナダを去る

中世に入ってまもなくイスラムの支配下になっていたイベリア半島も、長い歳月の間には少しずつキリスト教下にもどりつつあった。だがそれも1492年、ムーア人が主体の王国に残った最後の都市、グラナダの陥落によって完了する。

シリア・パレスティーナでは追い払われたのはキリスト教徒だったが、イベリア半島では、イスラム教徒のほうが追い払われたのだ。これも当時のヨーロッパ人にすれば、四十年前のコンスタンティノープルの陥落と同じに、キリスト教対イスラム教の闘いなのであった。

だが、ときはすでにルネサンス時代である。グラナダが陥落したと同じ年、ジェノヴァ人のコロンブスが、新世界発見への第一歩を踏み出していたのである。大航海時代が、始まったのであった。

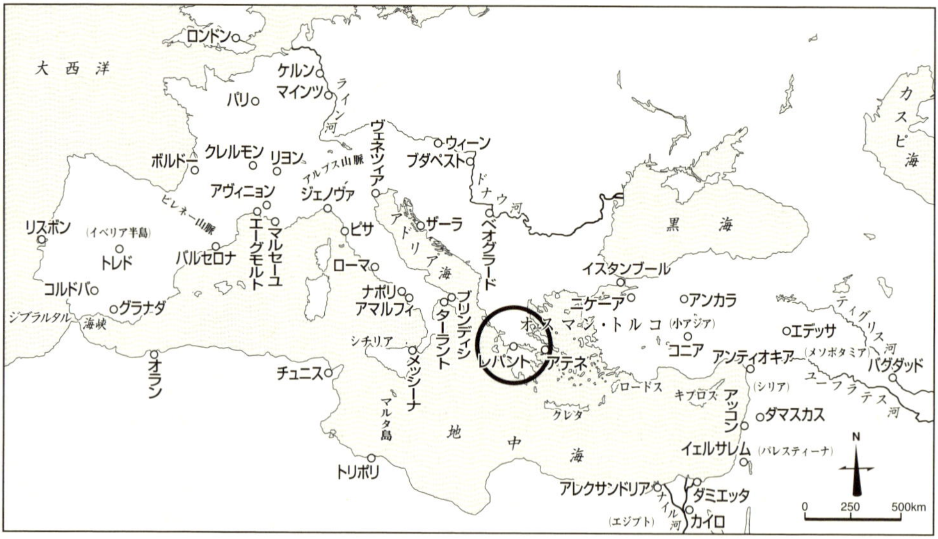


## レパントの海戦

コンスタンティノープルは、端とはいえヨーロッパに属す。ここを陥落させビザンチン帝国を滅亡させたトルコ帝国は、以後は西方への進攻に移ったのだ。

かつてはオリエントに進攻し、それを迎え撃ったのはイスラム教徒だったが、15 世紀半ばのこの時代、迎え撃つのはキリスト教徒のほうになったのである。

キリスト教側とイスラム教側の間では幾度も戦闘が行われたが、その中でも歴史を決めた戦闘《バトル》となれば、レパントの海戦の右に出るものはないだろう。キリスト教連合艦隊がこの海戦で完勝したことが、イスラム勢力の西進を阻止したのだった。

一方は十字架、もう一方はコーランの文字を染めぬいた軍旗をかかげて闘ったレパントの海戦は、双方ともが宗教の名のもとに結集したという意味で、最後の十字軍になった。

ときは、西暦 1571 年。最初の十字軍からは五百年近くもの歳月が過ぎていたのだった。

カバーおよび本文内挿画
ギュスターヴ・ドレ Gustave Doré
*History of the Crusades*, Vol. I & II より (Joseph
François Michaud 著 Barrie, Philadelphia, 1880)
一四三頁 バルレッタ城（イタリア）蔵
© Alinari Archives
カバー裏 大英博物館蔵 © AKG-images
地図作製 綜合精図研究所
装　幀 新潮社装幀室

**塩野七生（しおの・ななみ）**

1937年７月、東京に生れる。学習院大学文学部哲学科卒業後、63年から68年にかけて、イタリアに遊びつつ学んだ。68年に執筆活動を開始し、「ルネサンスの女たち」を「中央公論」誌に発表。初めての書下ろし長編『チェーザレ・ボルジアあるいは優雅なる冷酷』により1970年度毎日出版文化賞を受賞。この年からイタリアに住む。82年、『海の都の物語』によりサントリー学芸賞。83年、菊池寛賞。92年より、ローマ帝国興亡の歴史を描く「ローマ人の物語」にとりくみ、一年に一作のペースで執筆。93年、『ローマ人の物語Ｉ』により新潮学芸賞。99年、司馬遼太郎賞。2001年、『塩野七生ルネサンス著作集』全７巻を刊行。02年、イタリア政府より国家功労勲章を授与される。06年、「ローマ人の物語」第XV巻を刊行し、同シリーズ完結。07年、文化功労者に選ばれる。08－09年に『ローマ亡き後の地中海世界』（上・下）を刊行。10年より「十字軍物語」シリーズを刊行開始。


絵《え》で見《み》る十《じゅう》字《じ》軍《ぐん》物語《ものがたり》

二〇一〇年七月二五日　発行

著者　塩《しお》野《の》七生《ななみ》
発行者　佐藤隆信
発行所　株式会社新潮社
東京都新宿区矢来町七一
郵便番号　一六二―八七一一
電話（編集部）03―三二六六―五六一一
（読者係）03―三二六六―五一一一
http://www.shinchosha.co.jp
印刷　錦明印刷株式会社
製本　加藤製本株式会社
価格はカバーに表示してあります。





乱丁・落丁本は、ご面倒ですが小社読者係宛お送り下さい。送料小社負担にてお取り替えいたします。

ISBN978-4-10-309632-0 C0322

## 塩野七生の本

### ローマ亡き後の地中海世界 上

秩序なき地中海を支配したのは
「イスラムの海賊」だった

「パクス・ロマーナ」が崩れるとはどういうことか。
衝撃的な、『ローマ人の物語』のその後。

### ローマ亡き後の地中海世界 下

地中海の命運を決する
男たちのスリリングな海戦

キリスト教連合艦隊vs.「海賊」率いるトルコ海軍。
制海権をめぐる一千年の攻防を描く歴史巨編。